Wallenstein

Bilder zu seinem Leben

WALLENSTEIN

BILDER ZU SEINEM LEBEN

VON GOLO MANN UND RUEDI BLIGGENSTORFER

WELTBILD VERLAG

Lizenzausgabe für
Weltbild Verlag GmbH, Augsburg 1990

Gesamtherstellung: Appl, Wemding
Printed in Germany
ISBN 3-89350-074-X

»Denn je mehr sie haben, je mehr sie haben wollen.«
Wallenstein über seine Mönche

»Ein Charakter, was man so nennt!
Wie vielerlei sich Fremdes nistet da nicht zusammen!«

Wie man hört, leben wir in einer Zeit, in der die Menschen weniger lesen, mehr und mehr sehen wollen, Bilder, bewegte oder unbewegte. Ich glaube nicht, daß es so ist und daß wir Schriftsteller uns von Propheten des Unheils sollten in Schrecken jagen lassen. Aber warum nicht *auch* Bilder? In meiner Wallenstein-Biographie, so beklagte sich mancher Leser, fehlt es an ihnen. Ganze drei, das ist zu wenig, oder zu viel. Nur, das Buch, an sich schon dick genug, auch noch mit Illustrationen zu bepacken, wäre nicht ratsam gewesen.

Der Verlag entschloß sich, einen Bildband nachzuliefern. Die Idee gefiel mir.

Bilder welcher Art? Die gestochenen Portraits aus dem Theatrum Europaeum, alle einander so sehr ähnlich, alle so nichtssagend, die Maskengesichter, die starren Augen über dem Kinnbart, dem Spitzenkragen, Goldenen Vlies, Brustharnisch? Der Kaiser im Krönungsornat, die Reichskrone auf dem Haupt, eine angezogene Puppe? Die Hinrichtungs-, Folter- und Plünderszenen von Callot, tausendundeinmal reproduziert in längst vergessenen Weltgeschichten, Lesebüchern, Lernbüchern? Das lieber nicht. Nur sprechende zeitgenössische Portraits sollten sein, eine Auswahl von ihnen, oder Büsten gleich authentischen Charakters. Ein paar Schlachtengemälde, ganz oder in Ausschnitten, der Gegenstand gesehen, wie man ihn damals sehen wollte, vermutlich schöner, als er in Wirklichkeit war. Ihnen gegenüber die Schlachtfelder, so wie sie heute aussehen, wenn man sie noch finden konnte; das gelang so ganz nicht, nur für Bílá Hora, den Weißen Berg. Landschaften, die in Böhmen, auch in Österreich, heute noch so wohltuend unberührt sind und sehr anders nicht als vor 350 Jahren; zumal das »Böhmische Paradies«, Wallensteins Heimat, später seinem Herzogtum zugehörig. Die Schlösser und Gärten, im Kern unverändert in Prag, wie auch in Opočno, Rudolf Colloredos stattlichem Mord-Lehen. Die Grüfte, sehr treue Überbleibsel, weil auf ihren Besitz kein Mensch Wert legte; außer daß, wie uns erzählt wurde, Napoleon sich den Sarg Tillys in Altötting öffnen ließ, um nachzuschauen, und unter seinem Blick die bis dahin wohlerhaltene Gestalt des Toten sich alsbald in Staub auflöste, so daß nur übrig blieb, was heute noch übrig bleibt. In Altötting geht es an hohen Feiertagen noch so andächtig prächtig zu wie in den Tagen des Kurfürsten Maximilian. Es gibt dort eine »Tilly-Apotheke«, wie in Eger eine »Wallenstein-Weinhandlung«, Waldštejnska Vinerna. Dort wird neuerdings von dem ermordeten Ehrengast eine ganze Menge hergemacht. Ich will nicht entscheiden, ob für die Historiker oder die Fremdenindustrie. In den Burgruinen spielt man Theater, rote Fahnen wehen auf der Brücke.

Gern wandern die Tschechen durch die Reste steinerner, vergoldeter Vergangenheit. In erstaunlichen Massen sieht man sie in Böhmens Schlössern, zur guten Jahreszeit; uralte Frauen in Holzpantoffeln, Männer in den besten Jahren, junge Paare, Kinder. Seht, ruft die Führerin, auf ein paar Riesenspielzeuge deutend, Puppen in Menschengröße, Kaufläden, Wagen und Pferde, seht, wie schön die Prinzessinnen es damals hatten!... Das Volk im Schloß; in Märchenland-Oasen. Es machte dies kollektive Interesse das Photographieren nicht gerade leichter.

Die Behörden, die Damen und Herren vom Amt für Staatliche Denkmalpflege in Prag, die Verwalter der einzelnen Schlösser hätten hilfreicher nicht sein können. Man ließ schwere Bilder in den Sonnenschein der Höfe tragen, oben war es zu dunkel. Man zeigte, was sonst nicht gezeigt wird, schloß auf an Tagen, an denen sonst geschlossen ist, solche Tage waren allerdings die günstigsten. Gleiche Freundlichkeit in den Wiener Museen; im Schloß Bruck an der Leitha, wo die gräfliche Familie Harrach zu Wallensteins Zeiten wohnte, und noch heute wohnt, unter weniger glanzvollen Bedingungen als ehedem, das versteht sich aus der Zeit, aber überaus gastfreundlich.

Die Schwierigkeiten lagen anderswo. An manches Erwünschte kam man nicht heran. Die Kartause bei Gitschin ist ein Gefängnis – nicht, wie man mir im Jahre 66 beschönigend vormachte, eine »Besserungsanstalt« – und sehr streng bewacht. Ebenso, obgleich milder behütet, Schloß Göllersdorf in Niederösterreich, wo Wallenstein 1632 jenen berühmten »Vertrag mit dem Kaiser« aushandelte, der, in der ihm nachgesagten Form, nie existierte. Man mußte mit dem Tele-Objektiv von weitem operieren. Und dann die gewohnten Ärgernisse. Man ist auf der Spur irgendeines photogenen Dokuments, eines Bildnisses, eines astrologischen Amuletts, die Spur verwischt sich, sie trog. Man ist von weither angereist, aber der grau verhängte Himmel gibt kein rechtes Licht. Man will ein paar Aufnahmen machen, sagen wir im Museum des Schlosses von Gitschin, Sachen, die man früher gesehen hat, ja, gewiß, aber jetzt sind sie nicht mehr da, ist überhaupt nichts mehr da, das Schloß wird renoviert, wozu es höchste Zeit war, die Arbeiten, meint der Befragte nicht ohne Hohn, werden gewiß fünfzehn Jahre in Anspruch nehmen, so lange können wir nicht warten. Oder es ist kein elektrischer Strom da. Es fehlt ein Stecker, die Lampen können nicht geerdet werden, Ruedi Bliggenstorfer bastelte irgend etwas zusammen, gerade hat er, in Schloß Friedland, das Bild des Herzogs aufgenommen und macht sich nun mit der Tochter zu schaffen, da trifft ihn ein elektrischer Schlag mit so fürchterlichen Folgen, akustischen wie visuellen, daß wir um sein Leben fürchten, und die in ihren Pantoffeln durch den Saal schlurfenden Gäste ein zusätzliches Spektakel genießen. Abbruch der Arbeiten, um den Besuch im nächsten Jahr zu wiederholen, schleunige Fahrt nach dem nahen Bad Libverda, wo eine gute Ärztin zu finden sei. Gut ist sie gewiß, liebenswürdig auch. Sie findet bei dem Betroffenen keinen ernsten Schaden. Ein Gleiches sei ihrem Sohn auch einmal geschehen, man schreie und wisse es nicht, wisse überhaupt nichts außer närrischer Qual, aber dann sei es wieder vorbei und ohne Folgen... Das Kurhaus in Libverda ist dicht besetzt; sozial in dem Sinn, daß alle, die ihrer bedürfen, die Heilbäder besuchen können, ist Böhmen schon. Aber die Quelle, aus der einst Wallenstein sein Lieblingsgetränk bezog, fließt zur Zeit nicht. Es ist da etwas, das sie am Fließen hindert und das man einstweilen nicht beheben konnte.

In jenem dicken Buch, der geschriebenen Erzählung, ist *nur* Vergangenheit. In unserem nachgesandten Band vermischt Vergangenheit sich mit Gegenwart, Tod mit Leben.

Golo Mann

Wallenstein *Bilder zu seinem Leben*

Waldstein

KIRCHE DER HL. MARIA MAGDALENA
IN HERMANITZ

»Das Dorf Hermanitz liegt im Osten des schönen Landes Böhmen, an der Elbe oder Labe, dort, wo sie nach noch heute, obgleich nicht ganz so, wie vor Zeiten, als um das Castell nur wenige Wirtschaftsgebäude und Grund. Von 1548 bis 1623 gehörte es samt fünf Nachbardörfern den Herren von Waldstein. Danach wechselten die Czernin, welche aus dem Hause der Drslawitzer abstammen, zuletzt der Orden der Barmherzigen

Süden fließt. Die Gegend, mit Wiesen, bewegtem Wasser und buchenwaldumzogener Höhenkette, ist lieblich
Wohnungen für die Leibeigenen standen. Das Castell ist längst verschwunden; ein Bauernhof deckt seinen
die Besitzer in schneller Reihenfolge: die Trčka von Lípa, die dänischen Ulefeld, die Piccolomini aus Siena,
Brüder.«

BÖHMISCHE LANDSCHAFT BEI BURG KOST

DER GENERALISSIMUS

Isabella von Waldstein
geb. von Harrach
Zweite Frau Wallensteins

Maria Elisabeth von Waldstein,
Tochter und einzig
überlebendes Kind
aus Wallensteins zweiter Ehe
mit Isabella von Harrach.
»Die Prinzessin von Friedland,
Maria Elisabeth,
heiratete im Jahre 1647
einen Grafen Kaunitz;
die Ehe entsprach dem Rang
der Waldsteins, wie er
vor dem Herzog gewesen war,
und nach ihm wieder.
Ein letzter Nachkomme dieser
Verbindung starb zu Beginn
unseres Jahrhunderts.«

WALLENSTEIN

WALLENSTEIN–GITSCHIN, HAUPTSTADT VON HERZOGTUM FRIEDLAND

Übersichtskarte des Herzogtums Friedland.
Maßstab 1:1,200.000.
(Nach einer im Archiv des Prager Innenministeriums vorfindlichen größeren Karte ohne besondere Maßstabangabe.)
Neisse
Wittig
Elbe
Priedlanz
Hegewald
FRIEDLAND
Raspenau
Böhm. Neustadt
Liebwerda
ZITTAU
Grottau
Gräfenstein
Kratzau
TETSCHEN
Gabel
Lämberg
REICHENBERG
Friedrichswald
Luxdorf
Gränzendorf
Wallen
Wartenberg
Polzen
AUSSIG
BÖHM. LEIPA
Niemes
Schwabitz
Böhm. Aicha
Liebenau
Jeseny
Rochlitz
Iser
Schwarzenthal
Neuschloß
Graber
Semil
Starkenbach
HOHENELBE
Hirschberg
Hühnerwasser
Mohelnitz
TURNAU
Tatobyt
Arnsdorf
Pilnikau
LEITMERITZ
Dauba
Schloss Bösig
Weisswasser
Skal
Rowensko
Lomnitz
Popelka
ARNAU
Trautenau
Münchengrätz
Widim
Hauska
Wegstädtl
Liboch
Bakow
Kost
Sobotka
Neupaka
Kumburg
Josefsthal
JUNGBUNZLAU
Karthause
Wokschitz
JITSCHIN
Königinhof
Gradlitz
Altenburg
Welisch
Liban
Cidlina
Miletin
Hořitz
Melnik
Smrkowitz
Bistritz
Jaroměř
Neustadt
Mettau
Rožďialowitz
Kopidlno
Josefstadt
Smidar
Moldau
Mrdlina
Nechanitz
Königstadtl
KÖNIGGRÄTZ
Nimburg
Podiebrad
PRAG
PARDUBITZ

BLICK VON SCHLOSS FRIEDLAND

»›Von der Größe und Weite dieses Landes und Teiles, noch von der Menge der Städte, Schlösser, Disposition der Ström will ich nicht diskurieren ... Ad subjectam materiam zu schreiten, so wird in diesem Teil ein allgemeiner, durchgehender Landfrieden gaudiert und genossen. Die Gitschinischen Cameralien sein in Wirtschaften als Geldsachen dermaßen mit solchen Ordnungen bestellt, darüber sich zu verwundern. Die ministri haben respektive ihrer Dienste große und gewisse Besoldungen, dadurch die Corruptelen ganz unterbleiben und bei solcher guter Administration ein unsägliches Geld stündlichen einkommen tuet. Es ist unglaublich, wie bei obbemeldter Kammer praktiziert und wie subtile Grifflein und Vorschläg erfunden werden, diesen fürstlichen statum täglichen zu aggrandieren, denn die nutzbaren Vorschläg werden überaus reichlich remuneriert, dahero nun ein jeder mit Vorschlägen kompetieren will. Also ist sich nicht zu verwundern, daß dieser fürstliche status in so kurzer Zeit so formidabel und blühend sich fundiert. Es ist nicht zu zweifeln, daß in kurzem dieser Friedländische status gar an die Elb sich erstrecken wird ...‹ Die Denkschrift ist aus dem Jahre 1633. Sie schildert die terra felix, das Zauberherzogtum nicht besser, als es im Jahre 1625 war. Im Gegenteil; aus den und den Gründen war Friedland 1633 nicht so glücklich daran wie acht Jahre früher. Friedland. Der es geschaffen hat, wird von den Zeitgenossen gern ›der Friedländer‹ genannt; so oft, daß Unwissende glauben, es sei sein bürgerlicher Name: ›der General Friedländer‹. Sonderbarer Name; geprägt nach etwas, was doch vor kurzem nichts war als ein unbedeutendes, unbekanntes Nest an Böhmens Nordgrenze. Die Leute spüren, was Friedland für Wallenstein ist: seine liebste Schöpfung, seine Erde, sein Stolz, seine Selbstverwirklichung.«

FRIEDLAND

BLICK VON BURG WALDSTEIN

DECKENGEMÄLDE IM GROSSEN SAAL DES WALDSTEIN-PALAIS IN PRAG

BURG WALDSTEIN

»Die Ruinen der Burg Waldstein findet man unweit von Turnau. Sie hieß nach den drei durch Brücken verbundenen Steinen oder Felsen, auf denen sie errichtet war; den Wald um sie herum gaben Birken, Kiefern und Buchen. Der sie sich bauen ließ, hieß Zdenek; einen anderen Namen hatte er nicht, bis er sich nach seiner neuen Festung von Waldstein nannte oder so genannt wurde. Der Bau steinerner Burgen empfahl sich damals, denn der Greuel der Mongoleneinfälle, welche die schicksalsverwandten Länder Schlesien und Mähren verwüstet hatten, konnten sich die Lebenden noch erinnern; auch waren die Herrscher wieder einmal schwach und die Gesetze kein Schutz. || Von Albrecht Wallenstein schrieb sein mährischer Schwager, Karl von Zierotin, den jungen Mann empfehlend: ›Er ist hoch geboren (bien né) wie Sie wissen, und mit allen großen Häusern Böhmens verwandt.‹ Das traf zu. Nicht nur war einer seiner Ahnen Marschall am Hof des gewaltigen Tschechenkönigs, Georg von Podiebrad; er stammte auch selber von diesem Herrscher ab, und zwar so, daß eine seiner Urgroßmütter von Mutters Seite, eine schlesische Herzogin von Münsterberg, die Urenkelin des Königs war; dieser, zählen wir richtig, war Wallensteins Vorfahr in der siebten Generation. Was dann seine lebenden Verwandten betrifft, so wohnten sie ringsum in den Schlössern Böhmens und der Markgrafschaft Mähren; in Grenzburgen gegen Deutschland und Ungarn hin, uralten, den Felsen sich anschmiegenden Gemäuern, je nach Bedürfnis und Stil der Zeit erweitert mit Ecktürmen, Vorburgen und Ringmauern; in Schlössern neuen italienischen Stils, langen Fluchten steinerner Säle um Arkadenhöfe, reich geziert mit Holztäfelungen, vergoldetem Schnitzwerk, Wappen, kostbaren Stoffen, Fabelbildern und Ahnenbildern; am Marktplatz ihrer eigenen Städte, in den Gassen der Prager Kleinen Seite, oder zwischen waldumrauschten Höhen und dem Fluß im Tal – da wohnten sie; umgeben von Künstlern aus Welschland, die ihnen etwa gerade den Rittersaal mit Fresken auszumalen oder den Park mit Statuen und Brunnen zu schmücken hatten, von Leibärzten und Seelsorgern, von französischen, italienischen, deutschen Sekretären; bedient von Stall-, Jäger- und Haushofmeistern, von Ober- und Unterköchen, Pastetenmachern und Zuckerbäckern, von Kammerdienern, Lakaien, Haiducken, reitenden Boten; Souveräne so weit ihr Reich reichte, Herren über Leben und Tod ihrer Untertanen; Patrioten wohl auch, Hauptleute ihres Kreises, tätige Mitglieder des Landtages in Prag, Inhaber der obersten Landesämter, aber Patrioten auf ihre Art, so nämlich, daß sie des Landes Freiheit gleichsetzten mit ihren Freiheiten, welche in Jahrhunderten den Königen und Bürgern abgezwungene, ungeheure Vorrechte waren.«

SCHLOSS FRIEDLAND

BURG TROSKY

BURG KOST

Wilhelm von Slawata,
Wallensteins ›Vetter‹,
mit welchem Verwandtschaftsgrad
man es in jener Zeit
nicht sehr genau nahm.
»Es ist derselbe,
der am 23. Mai aus einem
Fenster der Prager Burg
geworfen wurde
und der im Leben Wallensteins
eine feindlich-schleichende
Rolle spielte.«

Max von Waldstein,
Wallensteins ›Vetter‹
und Erbe,
wegen seiner Jugend
auch Wallensteins ›Neffe‹
genannt.
»Graf Max Waldstein,
sein Vetter,
hat geschickte Hofmannshände,
deren er sich zu allerlei
delikaten Aufträgen
gerne bedient...«

SCHLOSS KOSCHUMBERG

Schloß Ambras bei Innsbruck. Hier hätte, einer wahrscheinlichen, jedoch nicht beweisbaren Überlieferung zufolge, Wallenstein dem Markgrafen von Burgau als Edelknabe gedient; hier soll, ohne Zweifel falscher Legende nach, auch nach einem wundersam harmlosen Sturz aus dem Fenster seine Konversion zum Katholizismus erfolgt sein. – Wallenstein als Jüngling. Tragen solche Portraits keine zeitgenössische Beschriftung, so ist man mehr oder weniger auf guten Glauben angewiesen, den man hier, mindestens, was den Jüngling betrifft, wohl haben darf.

Gebäude der Akademie in Altdorf bei Nürnberg, an der Wallenstein studierte, aber nicht sehr; heute Hospital.
»Die Altdorfer Akademie, ursprünglich das Gymnasium zu Nürnberg, erst in den siebziger Jahren nach Altdorf verlegt, damit die Studenten freier von den angenehmen Versuchungen der Großstadt wären, und erst dort zur Universität erhoben, hatte einen guten Ruf. Die Verhältnisse waren intim: etwa fünfzehn Professoren und zweihundert Studenten...«

1629 13 1+

Illustrissime Celsissimeque Princeps
Domine Clementissime.

56.

Vix dum libellum supplicem ad Ill^{mam} Cel^{nem} Vram dimiseram: cum literae mihi redditae sunt à Pieronio, significantes Cel^{nis} V^{rae} mandata, computandi tempus conjunctionis Magnae proximè instantis. Id ego in adjecta Schedula videor accuratè computasse ex Tabulis Rudolphi. At fidem earum circa momenta tam minuta nolim praestare. Sunt illae fundatae super Observationes. At si ponatur contingere conjunctio tardissimorum horum Planetarum plane corporalis visibilis, oculi per totum triduum dubitabunt, an ea sit plena et exacta, an verò jam transiverit. Sed haec Ill^{mae} Cel^{ni} V^{rae} relinquo pensitanda: mihi sufficit mandatum esse executum.

Intellexi etiam, mihi esse inquirendum Mandatum illud Imperatorium, quod Cel^{nis} V^{rae} jussu, et operâ G. D. Comitis Michnae interpositâ, à Cameralibus impetravi, Mihi suae manu subscriptum: quo praetensiones meae aulicae omnes, ad Ill^{mam} Cel^{nem} V^{ram} devolutae sunt. Atque significo humillimâ cum reverentiâ: id Mandatum Cel^{ni} V^{rae} a suo Cancellario Ilgemio exhibitum esse Gitschinij; id verò à Cel^{ne} V^{ra} datum esse Ejus ministro Zalmaister ad studiendum, deque eo jussum esse moneri, ubi Gustroviam perventum fuerit. Atque id eundem in manibus adhucdum tenere intellexi.

Ill^{mae} Cel^{ni} V^{rae} me humillima cum subjectione commendo. Sagani 10 Febru: Anno 1629.

Ill^{mae} Cel^{nis} V^{rae}

Zu Ihrer Fürstl. … mit dem … Astronom … Keppler.

Joannes Keplerus Mathem. addictus.

Johannes Kepler,
der Astronom und Astrolog,
wie er wirklich aussah.

Giovanni Battista Senno,
ein Astrolog,
wie er ausgesehen haben *soll.*
(Aber das Portrait,
nach einer Haus-Sage
in Schloß Friedland,
Wallensteins Astrologen zeigend,
entspricht der »jungen Sumpfblüte«,
dem historischen Senno,
in keiner Weise.)

Karl Leonhart von Harrach,
Wallensteins Schwiegervater.
Der Tod des einflußreichen
Wiener Politikers
bedeutete für Wallenstein
einen schweren Verlust.

Franz Albrecht von Harrach,
»Franzel«,
jüngster von Wallensteins Schwägern,
ihm anvertraut,
»damit ich einen Soldaten
aus ihm mache«.

Ernst Adalbert Kardinal von Harrach,
Erzbischof von Prag,
Wallensteins Schwager

Kaiser Rudolf II.
(Eines der »surrealistischen« Gemälde
Arcimboldis)

Graf Wilhelm Kinsky.
(So wurde in Schloß Opočno behauptet.)
Schwager des Adam Trčka,
also ein entfernter Verwandter
Wallensteins;
böhmischer Halb-Emigrant
und überaus intriganter Privatpolitiker.
Er trug an Wallensteins Untergang
ein gerütteltes Maß von Schuld,
und es entbehrt nicht der Gerechtigkeit,
daß er, wie Trčka,
mit ihm unterging.

Graf Adam Erdmann Trčka,
Wallensteins Schwager;
zuletzt sein
intimster Berater und Factotum,
eine Rolle, für die der törichte,
habgierige junge Mann
keineswegs taugte.

Christian
Herzog von Braunschweig,
der »tolle Halberstädter«

Der König von Schweden

Johann von Aldringen

Matthias Gallas

Zusammen mit Octavio Piccolomini
Wallensteins langjährige militärische Mitarbeiter und Freund-Feinde;
zuletzt die heimlichen Executoren des heimlichen Todesurteils
gegen ihn, Mord-Großgewinnler danach.

Feldmarschall Graf Colloredo

Hans Georg von Arnim.
Der »lutherische Kapuziner«;
Militär in vieler Herren Diensten,
politischer Berater
der evangelischen Kurfürsten,
Sachsen und Brandenburg:
der Mann, von dem Wallenstein,
seit er ihn kannte, nie ganz los kam,
und von dem er sich noch zuletzt
Rettung aus dem Labyrinth
seiner Verschwörung
oder Nicht-Verschwörung
erhoffte.

DER KURFÜRST VON BAYERN – OCTAVIO PICCOLOMINI

KAISER RUDOLF II.

Der Prager Fenstersturz

Das Bild
ließ der fromme Wilhelm Slawata malen;
es hängt noch heute im Schloß von Telč,
das durch Heirat in seinen Besitz gekommen war.
Genau genommen ist es jedoch nicht er,
der von zwei Engeln so bequem nach unten befördert wird,
sondern Martinitz, denn der
wurde zuerst aus dem Fenster gestürzt.
Einstweilen warten die beiden anderen,
Slawata und Fabricius, über ihm in der Luft,
bis die Reihe an sie kommt.

Bílá Hora

»Nach einigem Hin, Her und Herum standen in der Nacht vom 7. zum 8. November beide Heere einige Kilometer westlich von Prag einander gegenüber. Am Vormittag des 8. geschah die Schlacht, welche, nach dem Höhenzug, auf welchem Anhalt seine Regimenter nicht ungeschickt verteilt hatte, Bílá Hora oder am Weißen Berg genannt wird. Durch die Schlacht wurde die Geschichte Böhmens für Jahrhunderte entschieden.«

SCHLACHTFELD AM WEISSEN BERG. DREI GREISE, DIE DAS 1920 ERRICHTETE BESCHEIDENE DENKMAL BESUCHEN

DAS LUSTSCHLÖSSCHEN HVĚZDA, DAS AUCH AUF DEN ZEITGENÖSSISCHEN ABBILDUNGEN DER SCHLACHT ZU SEHEN IST

WALLENSTEINS BELEHNUNG MIT DEM HERZOGTUM MECKLENBURG DURCH KAISER FERDINAND II.

Gitschin

»Befehl an den Stadtbaumeister, 1632:
›Wir zweifeln nicht, daß ihr dasselbe, was Wir wegen der Gebäude zu Gitschin euch dahier anbefohlen, euch werdet eifrig angelegen sein lassen; insonderheit aber, was an der Schloß-Arbeit von Nöthen, zu befördern… Gestalt Wir denn euch auch nochmals vermög' der wegen Erweiterung besagter Unserer Stadt Gitschin genommenen Abrede, hiemit befehlen: daß, weilen mit diesem, so der Stadt adjungieret werden, Wir annoch hundert Häuser darüber, dann auch in beiden Vorstädten, ein dreihundertsechzig, so sich in allen an die fünfhundert und etliche Häuser erstrecken, gebaut werden sollen, intentioniret, dahin zu sehen: daß in besagten Vorstädten die hin und wieder zerstreuten Häuser in Ordnung und gute Disposition gebracht, die Gassen und Plätze wohl abgetheilt, wie auch die morastigen Örter durch Gräben und Abzüge trocken gemacht werden, und also die Luft um so viel reiner seyn möge. – Das Kapuziner-Kloster belangend, wollen Wir weiter nicht, daß dasselbe in der Stadt, sondern anstatt dessen, eines für die Dominikaner, das aber für die Kapuziner vor der Stadt, da man gegen Aulowitz zureiset, gebaut werde. Welches ihr dann euch also auf's beste angelegen seyn lassen werdet; auch die Abrisse von einem Jedweden, damit wann Wir anitzo im Anfang des bevorstehenden Monats Aprilis allda anlangen, Uns ihr dieselbe vorzeigen könnet, zu machen… Wie nicht weniger auf den Weg, so mit Linden besetzt, sowohl im Garten anstatt der Linden, so diesen Winter verderben, andere setzen, auch dieselbe, damit sie gerade über sich wachsen und eine schöne Vista geben mögen, wohl in die Höhe führen zu lassen. Auch weilen Wir hiebevor, daß allezeit Etliche dabei wachen sollen, damit die Linden von den vollen, aus der Stadt kommenden Leuten nicht verderbet werden, anbefohlen, bei unserer Kammer, damit solches also geschehen möge, zu urgieren.‹«

GITSCHIN

SCHLOSS GITSCHIN

VON WALLENSTEIN ERBAUTE KATHEDRALKIRCHE IN GITSCHIN. ZU DEN GEPLANTEN VIER TÜRMEN KAM ES NICHT MEHR

SCHWIBBOGEN MIT GANG VOM SCHLOSS ZUR KIRCHE

LINDEN-ALLEE BEI GITSCHIN MIT TOR ZU WALLENSTEINS STALLUNGEN – BEWOHNERIN

Schloß Opočno

in Böhmen,
Sitz der Herren von Trčka, nach der Ermordung
Adam Trčkas bis 1947 im Besitz
der Familie Colloredo. Ist eines jener Schlösser
»neuen italienischen Stils,
lange Fluchten steinerner Säle um Arkadenhöfe,
reich geziert mit Holztäfelungen,
vergoldetem Schnitzwerk, Wappen, kostbaren
Stoffen, Fabelbildern und
Ahnenbildern ...«

SCHLOSS OPOČNO

»*Die Ökonomie*. Er ist der große Wirtschafter seiner Zeit – il grand economo, wie einer seiner frühen Biographen ihn nennt. Seinem drängenden Willen entgeht weder das Größte noch das Kleinste; nicht der Glanz der Städte, die er baut; nicht, was Kühe jährlich hergeben müssen – im Tiefland eine Tonne Butter und vier Zentner Käse je fünf von ihnen, im Gebirge aber sechs. Das schreibt er vor; wehe dem Gutshauptmann, der die Regel nicht hält. || Er herrscht über Waldgebirg, Mittelland, Flachland. Jede Region muß das Ihre beibringen: das Gebirge Holz, Wildbret, Weideland für Rinder und Schafe; das Mittelland Roggen und Hafer, das Flachland Weizen und Gerste, Hopfen und Obst, Flachs und Hanf. Dazu kommen die Bergwerke, Silber, Kupfer, Blei, Zinn, Eisen; die fließenden und stehenden Gewässer, Mühlen, Fischzucht; in den Städten Industrie, Handwerk und Handel, Heimarbeit auf den Dörfern. In diesem Staat darf niemand feiern. Landstreicher werden aufgegriffen, gesäubert und gekleidet, zur Arbeit gezwungen, wenn sie zu keiner mehr taugen in Spitälern untergebracht. Das Prinzip ist, daß alles im Lande hergestellt werden soll, was dort hergestellt werden kann; daß nicht Waren eingeführt werden, sondern die Handwerke selber, in denen man im Land noch unerfahren ist. || Eine im Jahre 1628 publizierte ›Wirtschaftsordnung‹ befiehlt in einundzwanzig von Kennerhand geschriebenen Artikeln – ›vom Getreide‹, ›vom Flax‹, ›von den Obstgärten‹ –, wie allenthalben zu arbeiten sei: intensiver, produktiver, unter strafferer Aufsicht. Es darf kein Ackerboden brachliegen, keine Wüstung entstehen, es ist nur das beste Saatkorn zu nehmen, der Ernteertrag muß auf dem und dem Boden so und so sein. Ähnlich in allen Artikeln. Weil das Heu für die immer wachsende Zahl der Pferde gebraucht wird, gilt es, für das Stallvieh, das auch beständig und bis zur äußersten Möglichkeit der Güter vermehrt wird, Ersatzfuttermittel zu beschaffen: Treber, die der Brauprozeß übrigläßt, Laub, Schilf. Kein Nebenprodukt darf unbenutzt bleiben. Bier wird im Herzogtum fünfmal mehr gebraut als vor Wallensteins Zeiten; also muß man den Anbau von Hopfen forcieren. Es kann nicht genug Flachs geerntet werden für die Weberzünfte, die Spinnereien, die Häusler; es können nicht genug Schafe geschoren werden für die wollenen Jacken der Soldaten, es können nicht genug Bäume gefällt werden für das Bauen in den Städten und für die Bergwerke, deren Eisen man für Kanonenkugeln, Schanzzeug, Hufeisen braucht. Es kann nie genug wachsen, nie genug geschaffen werden. Die streng überwachte, mit Belohnung gespornte, mit Strafen angetriebene Arbeitsgemeinschaft, das Herzogtum Friedland, gelangt überall an die Grenzen: wo der Wald mehr liefern soll, als die Forstmeister verantworten dürfen, wo die Güter mehr Vieh aufnehmen müssen, als Nahrung da ist oder Ställe da sind, weil die Zimmerleute anderswo beschäftigt sind; wo das Eisen für Geschütze, Kugeln, Schanzzeug, für die Baumaschinen, Kamingitter, Vogelhäuser, Badegrotten und Wasserkünste nicht mehr genügt. In zunehmendem Maß handelt es sich um Kriegswirtschaft, um Produktion für die Bedürfnisse des Krieges: Fleisch, Brot, Zwieback und Bier; Uniformen,

Strümpfe und Stiefel; Waffen, Pulver und Blei. Das ist nicht von Anfang an so. Es wird so, seit dem Herbst 1625. Es erklärt die Unersättlichkeit des Bedarfs. Für was wäre im Krieg keine Nachfrage, wenn der Feldherr zugleich der Ernährer, der Bekleider, der Waffenlieferant seines Heeres ist? || Andererseits darf man das wirtschaftliche Wunder, welches Friedland darstellt, nicht nur durch den Krieg erklären, nur auf den Krieg bezogen sehen. Nicht

einmal ist sicher, ob der Staatsgründer eigentlich je gern Krieg führte, ob er nicht lieber inmitten seiner besten Schöpfung gehaust hätte. Was ihn nach kurzer Frist wieder ins Ferne, Weite und Gefährliche trieb, davon später. Den Willen aber, aus Friedland etwas zu machen, was sich lohnte und die Bewunderung der Welt erregte, den hatte er, auch ehe er, Sommer 1625, des Kaisers oberster Befehlshaber wurde, und würde ihn auf jeden Fall erfüllt haben. So auch gingen die Künste des Friedens mitten im Kriege weiter: Prachtbauten und heimische Nutzbauten, Feingewerbe wie das Machen von Gläsern, von Papier, von Töpfen. Was das Heer nicht abnahm, zum Beispiel Butter, dafür fanden sich Großhändler, die es nach Prag und weiter übernahmen. Was sich nicht mit Vorteil auswärts verkaufen ließ, das mußten die Untertanen konsumieren, ob sie wollten oder nicht. Es sollte aber die Qualität dafür sorgen, daß sie bei freiem Willen mußten. || Kleinigkeiten; aber das jährliche Einkommen, das Wallenstein aus seinem Herzogtum zog, runde 700 000 Gulden, setzte sich ja aus unzähligen Posten zusammen. Aus vielem Wenigen wuchsen die Summen, die er brauchte, um sie raschestens wieder auszugeben; das Geringste war hier so wenig zu vernachlässigen wie das Größte. An den Landeshauptmann: ›Ich habe

Euch erinnern wollen, daß Ihr in meinem ganzen Gebiet eine gute Anzahl Saliterhütten sollt machen lassen und dieselben in continenti aufrichten, auch Leute hinschicken, die's wissen, den Saliter zu suchen und damit umzugehen... denn damit werde ich mein Einkommen größer machen, und itzunder wird mir sehr gelegen sein, daß ich meine eigenen Pulvermühlen habe.‹ Unter ›Saliter‹ ist Salpeter zu verstehen. Beide Zwecke erscheinen hier in einem. Die Pulvermühlen brauchte er zu militärischen Zwecken, das große deutsche Kriegsabenteuer stand nun bevor. Gleichzeitig – man soll weder in erster noch in zweiter Linie sagen – würden sie ›mein Einkommen größer machen‹. || So die Bergwerke. Selber kein Bergmann, ist Wallenstein doch Förderer des Bergbaues, wenn zu seiner Zeit es einen gab; was nur unter der Erde des Gebietes an Erzen verborgen ist, das muß gefunden, das muß gefördert und gebraucht werden: Gold, Silber, Kupfer, Blei, Zinn, Eisen. Die Eigentums- und Betriebsformen variieren: Gruben, die der Herzog allein besitzt und ausbeutet; solche, die er verpachtet; solche, an denen er mit anderen ›Erzkaufsverwandten‹, einer Art von Konsortium, beteiligt ist. Was alle seine Unternehmungen bezeichnet, gilt auch für Bergbau und Hüttenwesen: Berufung von Spezialisten und Könnern, zumal aus Italien; schärfere Ausbeuteverfahren, so daß auch aus dem noch etwas gewonnen wird, was ehedem als Taubgestein verworfen wurde; hohe Löhne und Prämien

zum Ansporn; prompter Gebrauch oder Verkauf. Ein eigenes Bergamt verwaltet den bedeutenden Erwerbszweig. || Mit Gold, dem Traum aller Fürsten, ist es nicht viel. Mit Silber – in der Gegend von Hohenelbe – schon etwas Erkleckliches: der Wert der Ausbeute in einem Jahr beläuft sich auf 17000 Gulden, wovon der Großteil freilich von den Kosten verschlungen wird, mehr als 6000 Gulden allein für Löhne. Kupfer, Zinn werfen etwas ab; das kostbarste Metall ist das Eisen. Dies nicht so sehr in Geld ausgedrückt; für die Verpachtung von Bergwerk und Hammer Raspenau, nahe Friedland, wo man noch heute, oder heute wieder, die Hochöfen ragen sieht, an zwei italienische Werkmeister erhält Wallenstein 2400 Gulden im Jahr; ein paar Tropfen im Becher jener 700000. || *Diesmal gutes Geld.* Er hat das Recht, Geld zu prägen, goldenes und silbernes, mit seinem Bildnis und Wappen und des Münzmeisters Zeichen, so jedoch, daß es nach Strich, Nadel, Schrot, Korn, Gehalt und Gewicht den Vorschriften der kaiserlichen Münzordnung entspricht. Er hat das Recht; das heißt, er nimmt es sich, seit er den Herzogstitel führt, 1625. Formal wird ihm das längst ausgeübte jus monetandi erst 1628 verliehen. Da er sich einmal entschloß, von seinem Münzrecht Gebrauch zu machen, so muß es in furia geschehen. ›Laßt fleißig münzen, auf daß ich nicht Ursach hab, solches zu ahnden, denn ich höre, daß man dem nicht nachkommt, wie ichs befohlen hab, welches mir wohl in die Nasen raucht; ich bin sonsten nicht gewohnt, eine Sach oft zu befehlen ...‹ In gefährlich vorgerückter Zeit, 1633, fordert er 40000 Dukaten mit einem Schlag, dann gar 100000; was über das Mögliche weit hinausgeht. || Wie es im allgemeinen harte Arbeit verlangt, einen Staat aufzubauen, wo vorher nie einer war, so ist auch die Improvisation des Münzwesens mit vielfältigen Schwierigkeiten verbunden. Wo die Geräte hernehmen? Hauptsächlich aus Prag, dort hat man die nötige Erfahrung. Wo den Eisenkünstler finden, der des Herzogs Bild zugleich imposant und einigermaßen ähnlich schneiden kann? Der zuerst Beauftragte schneidet es so abscheulich, daß es verworfen werden muß. Wallenstein mißt seinem Aussehen auf den Münzen Bedeutung bei, und mit Grund. Die Münzstätte in Sagan prägt in einem einzigen Jahr 682000 Groschen; Millionen von Händen werden sie greifen, Millionen Blicke sie studieren, eben weil sie neu sind. Was die edlen Metalle betrifft, so hat der Versuch eines ›Chimicus‹, im Herzogtum selber neue Erze aufzuspüren, nur kümmerlichen Erfolg. Zum allergrößten Teil muß aus ›Pagament‹ gemünzt werden, Schmuckstücken und Dukaten fremder Herren. Die Prozedur kann nur kosten, sie kann nichts einbringen.«

Diktierter Brief Wallensteins,
»gegeben in unserer Stadt Gitschin«,
mit seiner Paraphe,
AHZM,
Vollmacht für seinen Vetter
Berthold Waldstein,
zuhanden des Obersten
San Julian.

Data 31 Martij
Lettera di Credenza per il Sig: Conte Bertoldo:

Dem Wolgebornen Unserm besonders Lieben Herrn
Heinrich Von St Julian Freyherrn, Röm: Kay: May:
Kriegs Rath, Cammerern bestelltem Obristen Undt
General Commissario.

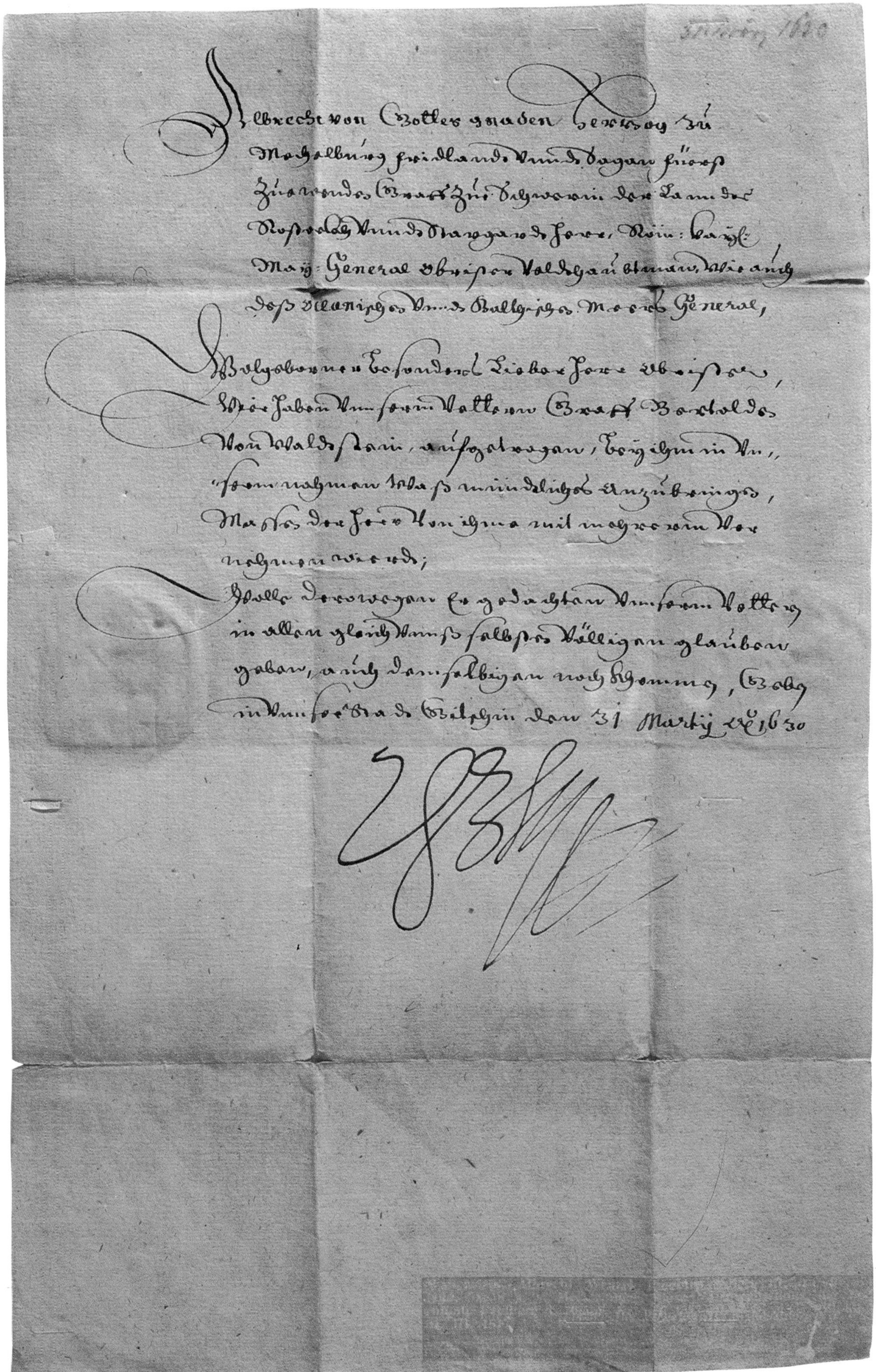
Albrecht von Gottes gnaden Hertzog zu
Mechelburg, Fridlandt vnndt Sagan, Fürst
zu Wenden, Graff zu Schwerin, der Lande
Rostock vnndt Stargardt Herr, Röm: Kays:
Maij: General Obrister Veldthaubtmann, wie auch
deß Oceanischen vnndt Baltischen Meers General,

Wolgeborner besonders lieber Herr Obrister,
Wir haben Vnnsern Vettern Graff Bertholden
von Waldstain, aufgetragen, bey jhm in Vn-
sern nahmen was mündtlichen anzubringen,
wie das der Herr von jhme mit mehrerm ver-
nehmen wirdt;
Wolle derowegen er gedachten Vnnsern Vettern
in allem gleich Vnns selbsten völligen glauben
geben, auch demselbigen nachkommen, Geben
in Vnnser Stadt Gitschin den 31 Martij Ao 1630

Prag »An der Decke des großen Festsaales im Prager Palast hat er, gleich am Anfang schon, 1625, ein Gemälde anbringen lassen, das noch heute zu sehen ist: ein Triumphator auf seinem Siegeswagen, von vier Rossen durch lichte Wolken gezogen, ein Stern über seinem Haupt. Einige sagen, das sei er selber; andere bestreiten es, er sei bloß der Sonnengott. Ein Sonnengott, allerdings mit Kinnbart; eine Seltenheit. Vielleicht auch ist es Mars. Hätte der Auftraggeber wirklich an sich gedacht, so müßte es in einem Moment freudigen Selbstvertrauens, schwellenden Übermutes gewesen sein, wie sie für ihn sehr charakteristisch nicht sind. Aber ein ›Charakter‹, was man so nennt! Wie vielerlei sich Fremdes nistet da nicht zusammen!«

»Warum er es gar so herrlich trieb?
Aus Freude an der schönen
Ordnung inmitten des Chaos?
Um vor der gemeinen, lauten Welt
geschützt zu sein von seinen Trabanten
und stummen, auf den Zehenspitzen
schleichenden Pagen, hinter
den Festungsmauern seines Parks?
Um sich von der eigenen Kraft
zu überzeugen? Um anderen zu
imponieren, den ehemaligen
Standesgenossen und den neuen,
den unruhigen, heimgesuchten,
gequälten Untertanen?

WALDSTEIN-PALAIS, GROSSER SAAL

»Zum Überschlag der Kosten, riesig
wie sie in jedem Fall waren,
bedarf es wirtschaftlichen
Verstandes. Teuer war alle noble,
seltene Ware: Tafelsilber aus
Genua, Gobelins aus den
Niederlanden, Teppiche aus
Venedig, Goldledertapeten,
Damasttischwäsche, lichtblaues

Tuch und karmesinroter Pay aus England für die Lakaien und Pagen, die in blau-roter Livrée paradierten, und andere Zier... die große Mehrzahl der 899 Bediensteten ist froh, für Logis, reichliches Essen und ein Trinkgeld zu arbeiten oder zeremoniell herumzustehen.«

TROPFSTEINMAUER IM PARK DES WALDSTEIN-PALAIS

DETAILS VON PARK UND LOGGIA DES PRAGER PALASTES

GEBÄUDE AM UNTEREN ENDE DES PARKES, WALLENSTEINS REITBAHN

Statuen im Park. Abgüsse – die Originale mußten gegen

Ende des Dreißigjährigen Krieges nach Schweden wandern.

HRADSCHIN UND KLEINE SEITE. FLORENTINISCHES MOSAIK, PRAG, KAISERLICHE HOFWERKSTATT, UM 1600

KARTAUSE BEI GITSCHIN; NUR AUS WEITER FERNE ZU PHOTOGRAPHIEREN

SCHLOSS GÖLLERSDORF IN NIEDERÖSTERREICH, ORT DES LEGENDÄREN »VERTRAGES ZWISCHEN WALLENSTEIN UND DEM KAISER«

LANDSCHAFT BEI BRUCK AN DER LEITHA – KARL LEONHART VON HARRACH MIT GEMAHLIN, DER HEILIGEN JUNGFRAU DEN PLAN EINES KLOSTERBA

SENTIEREND. DAS GEBÄUDE STEHT HEUTE NOCH.

Stralsund

»Rühmte sich mit seinem gottlosen Mund,
Er müsse haben die Stadt Stralsund...«

Der Ort von Wallensteins erster,
legendär gewordener Niederlage ist, so wie er heute aussieht,
auf den ersten Blick wiederzuerkennen:
die Wasser davor und ringsherum, die Dämme
und Zugänge.

Mecklenburg

Güstrower Schloß, in dem Wallenstein als Herzog von Mecklenburg 1628–29 residierte. Später und lange Zeit Spital oder Altersheim. Neuerdings restauriert.

Im Hafen von Wismar, einer der beiden bedeutenden mecklenburgischen Seestädte, war die neue kaiserliche Flotte stationiert, Wallensteins kurzer Traum.

Memmingen

»Einzug in Memmingen
am 9. Juni, wie er es gewohnt war; die
rotgepolsterten Kutschen, die mit erhabenem Silber
gestickten Fahnen, die leuchtenden
Uniformen der sechshundertköpfigen Leibgarde, die
noch das Eisen an den Piken versilbert trug.
Wohnung im Palast der Fugger, grauem, ungetümem
Bau am Rande des Städtchens. Alsbald
Schweigen aller Glocken, auch dem Nachtwächter
sein singendes Handwerk gelegt, und so
während der vier Monate, die er in Memmingen
verbrachte.«

Eines der unzähligen Flugblätter,
die über Wallenstein ausgestreut wurden
und seinen Charakter verdächtigten. Hier hat er sich
gleich nach seiner Entlassung in Memmingen
einen »großen weiten Stuel, der sehr bequem sein soll«
machen lassen, um auf ihm nach Wien
getragen zu werden, wenn nach Tillys Niederlage
der Kaiser in höchster Not sein wird.
Als die Nachricht von der Schlacht bei Breitenfeld
eintrifft:
Da rufft Fürst Wallenstein: Daß man mir den Stuel hol!
Setzt sich drauff, schrie und lacht als ob er were doll.
Er lachte vierzehn Tag, daß wackelt Bauch und Sessel...

Wahre Historie

Des Wallensteinischen Gelächters.

ES bleibt doch wol darbey: Der Spott folgt auff den schaden/
Man schenckt es keinem nicht/ hieß er gleich jhr Genaden/
Vnd sonst jhr Excellentz: Es steckt beym Teutschen Sinn
Noch mancher Rabelaiß vnd Peter Aretin.
Doch find man je zuweil viel Memmen ohne Hertzen/
Ja ohne Saltz vnd Hirn/ die sawer sehn zum Schertzen:
Die Babel (heucheln noch/ kein hecheln leiden nicht/
Vnd schreyen: Richtet nicht/ so werd jhr nicht gericht.
Die lästern grewlich nur die Mahler vnd Poeten/
Als wenn sie nur allein diß vnd nichts anders theten/
Wie man verbittern möcht den Teufel mehr vnd mehr/
Die trawen Gotte nicht noch auff sein mächtig Heer.
Was fürcht jhr euch so sehr? Was wolt jhr lange schelten
Auff die/ so Babels-thum jhr zwiefach jetzt vergelten?
Wann diese schwiegen schon/ wann jhr sie schläffert ein/
So werden schreyen doch/ vnd auff Wallen die Stein/
Soll man dann Gottes Ehr nicht herrlich celebriren?
Den Sathan vnd Anhang auch in die Zähn vexiren?
Ist er doch allezeit der ärgste Schaden-froh/
Vnd wüntschte das nur brennd die Kirche liechter-loh.
Thut doch ein Henger selbst den andern wol auszlachen/
Was sollen freye Leut mit jhren Schindern machen?
Nun zu bekräfftigung der jetzt geführten Rede/
Schawt was in diesem Bildt/ lest was im Briefe steht!
Im Teutschen Krieg jhr zwey (gleich wie zur Römer zeiten
Pætus vnd Corbulo) berühmt waren bey Leuten
Für gute General/ draus æmulation
Erwuchs/ jeder allein wolt haben Tugendt Lohn.
Biß letzt der erst die Schue dem andern ausgetreten/
Das er fac-totum ward selbst Cantzeley mit Räthen.
Da danckt man jenem ab mit grossen Spott vnd Hohn/
Der ander kriegt allein die Execution.
Vergeistert jener ward fieng an zu prophezeyen/
Wie wann ein Schiefer-Stein springt ab von Kirch gebäwen/
Verschwind hoch in die Lufft hinaus die Weyrauchs-Wolck/
Also ist diese Red außbrochen vnters Volck.
Er verruckt zwar den Zorn/ vnd macht es zu ein Possen
Beschenckt die Bottschafft auch mit sechs von schönsten Rossen.
Doch setzt er diß hin zu: Die Reformation
Dem Keyser stilt die Kron/ mir Reputation.
Er gab sich nun zur Ruh vmb allein zu zu sehen/
Wo es doch wolt hinaus/ vnd wie es würd abgehen
Mit der Tragœdi noch/ so zu Teutsch ward gespielt/
Zur reinen-Kirch vnd Landts-verwüstung einzig zielt.
Er sprach läufft es wol ab/ so wil ichs helffen loben/
Doch ists schier noch zu früh/ daß man so sehr wil toben:
Ich fürchte gar zu sehr dem alten werd der jung
Nach der Nativitet/ noch weisen einen Sprung.
Als er diß ausgeredt/ befahl er bald zu machen
Ein grossen weiten Stuel/ kein Mensch wust zu was sachen/
Er solte seyn bequem: Er war verfertigt schon/
Vom Sammet weich-bekleid vnd gleicht sich einem Thron.
Daß man mir diesen Stuel (sagt er) bey seite setze/
Biß ich zu seiner zeit mich wol darauff ergötze!
Es wuste niemand nicht/ was es bedeuten solt/
Vnd zu was Herrligkeit er diesen Sessel wolt.
So lange biß der Tyll vor Leipzig war gedilget/
Das ward vom Feinde selbst gelobet vnd gebilget:
Da rufft Fürst Wallenstein: Das man mir den Stuel hol!
Satzt sich drauff/ schrie vnd lacht als ob er were doll/
Er lachte vierzehn Tag/ das wackelt Bauch vnd Sessel/
Vnd schier hett noth gethan/ man hett jhm Reiff- vnd Fessel
Beyderseits angelegt: Ey wie war doch dem Kraut
(Sagt er) gegeben recht/ vnd jhm die Haut gekraut.
Daucht ich doch nirgends zu/ man hielt mich für ein Narren/
Ein ander hat allein in seinem Ghirn die Sparren.
Wann man in klugheit sich so närrisch hat bethan
So lacht ja Freund vnd Feind/ es lacht wer lachen kan.

TILLY IM SARG IN ALTÖTTING

Johann Tserclaes von Tilly

»Die Leiden Tillys, sagen die
Berichte, sind unsagbar und wir glauben
es; müssen uns aber Mitleiden verbieten, denn er
stirbt den Tod, in den er Jahr für Jahr seine
Leute führte, schlechter belohnt als er, und er immer-
hin unter besserer, wenngleich ratloser
Pflege. Daß er auf seinem Schmerzenslager noch
fortfährt, sich um seine Pflichten zu kümmern,
und viele Briefe an Wallenstein diktiert, darum ihn
zu bewundern werden wir uns trotzdem von
niemandem verbieten lassen. Den 30. April geht er
aus der Unruhe in die Ruhe, betend,
solange er kann – In te Domine speravi, non confundar
in aeternum –, mit dem letzten Blick auf
das Cruzifix; ›unser frommer, braver alter Tilly‹,
wie Maximilian ihn beklagt. Ein wenig
ergriffen soll auch Wallenstein von der Nachricht
gewesen sein, ergriffen oder doch deprimiert
und angerührt von einer Todeszunge. Nun sei sein alter
Kamerad vom König von Schweden
aufgerieben worden, soll er gesagt haben, er selber
werde wohl der Nächste sein...«

Nürnberg

»Die Festungslandschaft, Meilen breit und lang, mehrere Ortschaften, als Kreutles, Altenberg, Unterasbach und Zirndorf umfassend, wurde in drei Tagen vom Friedlich-Natürlichen ins Menschlich-Kriegerische verwandelt durch die gleichen Mittel und Massen. Sie war im Osten ihrer Länge nach geschützt durch die Rednitz, die von Süden nach Norden fließt, geteilt durch den vom Westen kommenden Nebenfluß, die Bibert. Laufgräben, Wälle, Redouten die Rednitz entlang; ganze Wälder zerstört, um Platz und Übersicht zu schaffen, die Bäume zu Palisaden zu spitzen; die Anhöhen im Norden mit dreifachen Schanzen geschmückt; außerhalb des Walles gegen Norden die ›Alte Veste‹, eine Burgruine auf waldiger Höhe, nun ins Modernste verwandelt mit Kanonen, Gräben und Verhauen. Das improvisierte Großverteidigungswerk war am grimmigsten stark gegen Norden und Osten, es leuchtet ein, warum, schmaler gegen Westen und Südwesten; auch dort gab es ›Vierecke‹, umwallte Batterien und Wachmannschaften. Wievielen das Lager herausfordernden Schutz bot? Man weiß es nicht. Gustav, seines Gegners Nest inspizierend, als niemand mehr darin war, entschied, mehr als 22000 könnten da nie gehaust haben. Auch Könige irren. Warum, nach allem, was wir von der Weite des Lagers sehen und hören, sollten es nicht 40000 gewesen sein?«

ÜBERRESTE DER ALTEN VESTE BEI NÜRNBERG

Lützen

GUSTAV ADOLF

WALLENSTEIN

Die Schlacht bei Lützen muß, um in herkömmlichen militärischen Ausdrücken zu reden, als taktisch unentschieden gelten. Strategisch oder politisch bedeutete sie eine Niederlage für Wallenstein, weil nur die Auflösung oder ›Vernichtung‹ der ›Royal Armee‹, nach dem Beispiel der Katastrophe von Tillys Heer in derselben Gegend im Jahr zuvor, ihm ein Überwintern auf deutschem Boden ermöglicht hätte; nun, zum bitteren Kummer des Wiener Hofes, war er gezwungen, die Winterquartiere in den habsburgischen Erblanden zu nehmen. »Der Choc ging tief in Wallensteins Seele, wie er ihn auch verbarg; er konnte die Enttäuschung nicht verwinden.« Was ihn im ersten Augenblick dennoch als Sieger erscheinen ließ, war der Tod Gustav Adolfs. Der, was auch die Soziologen einwenden mögen, war in der Tat von weittragender Bedeutung. Nur die Persönlichkeit des Königs hielt die Allianz unter den deutschen Protestanten und mit den deutschen Protestanten zusammen. Der ›Friede von Prag‹, kraft dessen drei Jahre später fast das gesamte evangelische Norddeutschland ins habsburgische Lager überging, ist zu Lebzeiten Gustav Adolfs unvorstellbar.

Skizze der Aufstellung von Wallensteins Heer am Beginn der Schlacht bei Lützen. Dieser Plan ist etwas rätselhaft, denn es figurieren Regimenter in ihm, die am Tag vor der Schlacht, dem 15. November, nach Halle, Eilenburg und anderswohin gesandt wurden und erst am 16., also zu spät, oder überhaupt nicht mehr auf dem Schlachtfeld eintrafen; zum Beispiel das Regiment des Obersten Reinach. Also kann die Skizze nicht am Nachmittag oder Abend des 15. gezeichnet worden sein, was ohnehin unwahrscheinlich ist; so sauber arbeitet man nicht in banger Eile und Dunkelheit. *Nach* der Schlacht kann sie aber erst recht nicht entworfen worden sein, weil sie eben in einigen Punkten mit der Wirklichkeit nicht übereinstimmt. Es bleibt nur die Annahme, daß Wallenstein sie etwa am 14. November anfertigen ließ; daß er also einen Zusammenstoß mit der Armee Gustav Adolfs auf den Feldern bei Lützen wenigstens für möglich hielt und das Terrain genauestens studiert hatte.

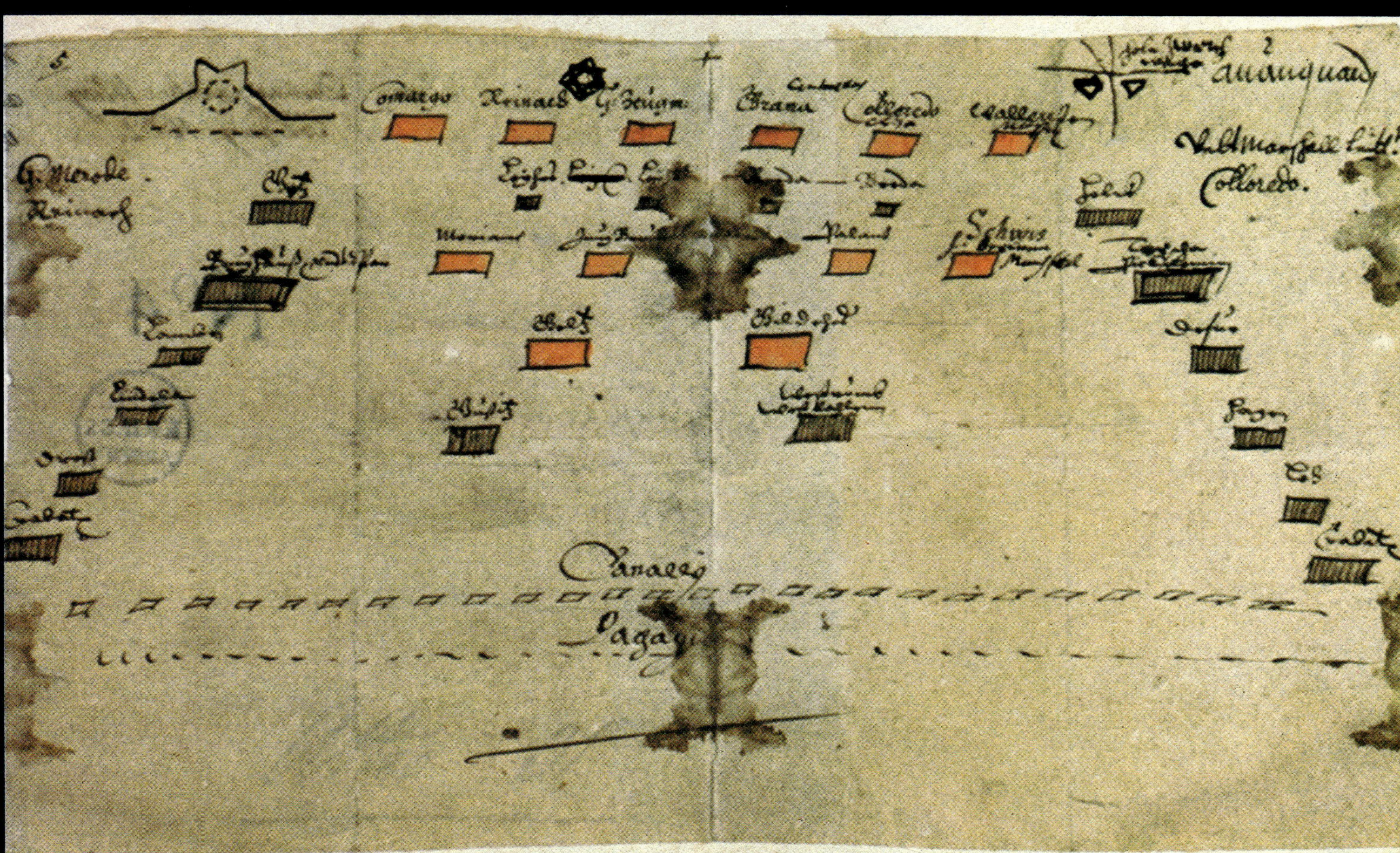

Schlacht bei Lützen,
von Peter Snayers.
Eines von zwölf Schlachtenbildern, die Octavio Piccolomini dem Maler in Auftrag gab. Im Gegensatz zu den anderen, die meist die Schlacht in Bewegung zeigen, herrscht hier noch einige Ordnung; man ist am Anfang, etwa 11 Uhr, bei dem Duell zwischen beiden Artillerien. Der Blick geht von Norden nach Süden. Folglich sind die Schweden im Hintergrund, zwischen den Brigaden am

rechten Flügel Gustav Adolf und Gefolge; im Mittelgrund die Kaiserlichen, links sind die Generale Holk und Isolani zu erkennen. »Nur Wallenstein nicht; der, scheint es, ist nie dabeigewesen.«
In Snayers erfolgreicher Bildfabrik wurden solche Bilder gerne nach dem *Theatrum Europaeum* gemalt: der Meister selbst ließ sich den Vordergrund, eine Art von ›Wallensteins Lager‹, angelegen sein.

Das Handschreiben, mit dem Wallenstein, überrascht durch den schwedischen Angriff, die Regimenter des Feldmarschalls Pappenheim von Halle nach Lützen zurückbeorderte. »Der feindt marschiert hereinwarths der herr lasse alles stehen und liegen undt incaminiere sich herzu mit allem volck und stücken

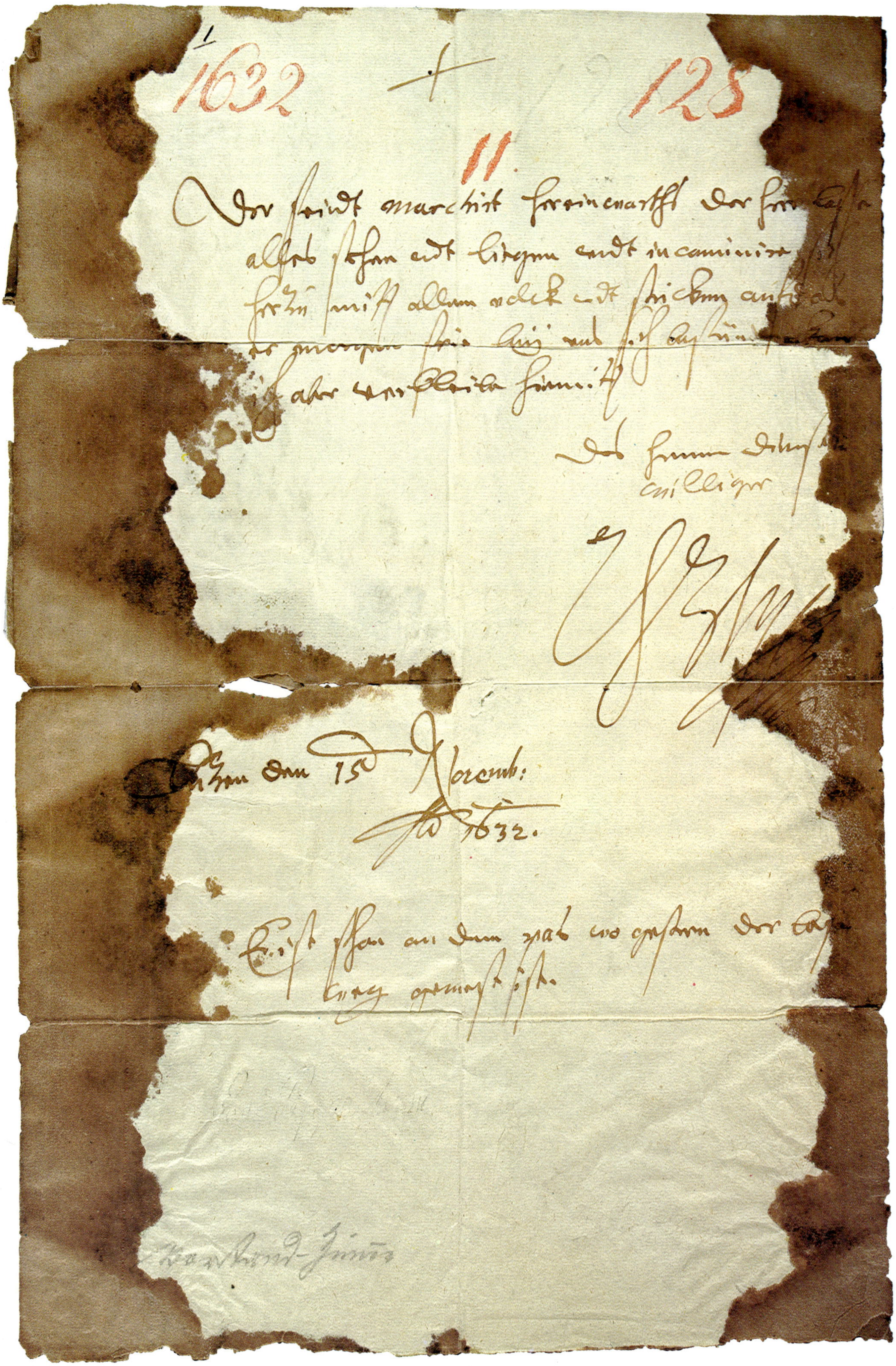
1632 125

11

auf das er morgen frue bey uns sich befünden kan. ich aber verbleibe hiemitt des herrn dienstwilliger AhzM. Lützen den 15. Nov. Ao 1632. Ps. er ist schon an dem pas wo gestern der bese weg gewest ist.« – Rings um den Brief Spuren vom Blut Pappenheims, der bei Lützen ums Leben kam.

Die drei Exekutoren

»Man war in Wien entschlossener als in den Quartieren der Generale. Man unterschätzte wie gewöhnlich das Gefährliche des Unternehmens, und zur Abwechslung mit einem guten, jedoch den Räten unbewußten Grunde: dem passiven, vereinsamten, vertrauensvollen Wallenstein beizukommen, sollte sich als schauerlich leicht herausstellen. Wie hatte Père Joseph vor einem halben Jahr zu den Gesandten des Heilbronner Bundes gesagt: ›Des Herzogs von Friedland Herren und Meister sind so beschaffen, daß sie, was sie einmal entschieden haben, auch tun.‹ Die Entscheidung war gefallen und nichts mehr an ihr zu deuteln. Dem Angeklagten, nun Verurteilten, wurde keinerlei Möglichkeit gewährt, sich zu verteidigen; das ging nun einmal nicht, und man beruhigte sich darüber.
Zu dem Drang, Gott, Christenheit und Kaiser zu retten – gern wurde diese Dreiheit genannt –, kam ein anderes: nach der Tat würde es ungeheure Schätze zu verteilen geben. Die Hofkammer würde liquide sein, wie seit Menschengedenken nicht.
Die Enteignung Wallensteins und der Trčkas würde noch einmal den vierten Teil von Böhmen unter den Hammer bringen; Werte irgendwo zwischen 10 und 20 Millionen Gulden. Dazu noch würde die lästige Frage nach dem ›Ersatz für Mecklenburg‹ sich billig erledigen; was der Kaiser dem Herzog für Lieferungen aus Friedland seit 1632 aufs neue schuldig geworden war, ebenso. Sicher doch, das war alles nur Nebensache, nur ein Begleitumstand. Wirklich nur Nebensache? Traumhaft schöne Nebensache mindestens; und wer Friedland und Reichenberg, wer Gitschin, wer Nachod, wer Opočno, wer das köstliche Gestüte von Smrkowicz wohl erhaschen würde, darüber grübelten lüstern die Verschworenen von Anfang an.«

Mies

»Man kam in das am Fluß nestelnde ummauerte Städtlein Mies. Es liegt nur drei Meilen, 24 Kilometer, von Pilsen. Die Qual der letzten Tage, der letzten Nacht war zu groß gewesen, der Herzog müde und leidend, Mies bot den Vorteil, daß es dem Feldmarschall Ilow als Pfandherrschaft gehörte, er besaß ein Schloß oder Herrenhaus dort, der Gast fand die ihm gewohnten Bequemlichkeiten.«

Eger

»Eger liegt im äußersten Westen des Landes Böhmen, nahe der Nordgrenze, am Flusse des gleichen Namens, Agara, dem reißenden. Von den Böhmen wird es Cheb genannt, Heb, Biegung, weil der Fluß hier nach Westen ausbiegt, ein kurzes Stück, um dann wieder die alte Richtung zu nehmen, der Elbe zu. Steil oberhalb dieser Schleife lag die Burg, die Kaiserpfalz, erhöht auch gegen die Stadt, schwarzer Turm aus Lavagestein, Festung innerhalb der Festung. Eger war reich oder war es gewesen vor den jetzigen Wirren, Mittelpunkt der Handelsstraßen Nürnberg–Prag, Prag–Leipzig, Schlüssel Böhmens, Ausfalls- und Einfallstor. Wallenstein kannte es gut. Von Eger war er ins Reich gezogen als der neuernannte Capo, 1625. Über Eger war er in die Heimat zurückgekehrt 1630, von Memmingen kommend, der Entlassene. Wieder war Eger sein Hauptquartier gewesen, als er sich anschickte, den Bayern zu treffen, dann den König zu suchen, vor noch nicht zwei Jahren. Immer war es farbig hergegangen mit Empfängen durch den Rat und Gastgeschenken im Gewimmel der Lanzen und Fahnen, vor gierigen Zuschauern…

Wallenstein verließ seine Wohnung nicht, sein Zimmer nicht. Die Goldene Insel war schmal geworden, aber war noch da: der Obersthofmeister, der von weitem die Diener gängelte; die Ärzte, welche die Tropfen mischten, die Kräuterbäder bereiteten, die Verbände wechselten an des Herzogs eiternden Beinen; der Astrolog, der wichtig umherschlich; die Kanzlisten. Die Kanzlei war zur Stelle samt ihrem Direktor, dem älteren, ihrem Obersekretär, dem jüngeren Wesselius, und die Beiden hatten zu tun. Die alte Ordnung hielt, wie ein Automat, der unbekümmert weiterschnurrt.«

BURG EGER

MARKTPLATZ

FAÇADE DES MORDHAUSES

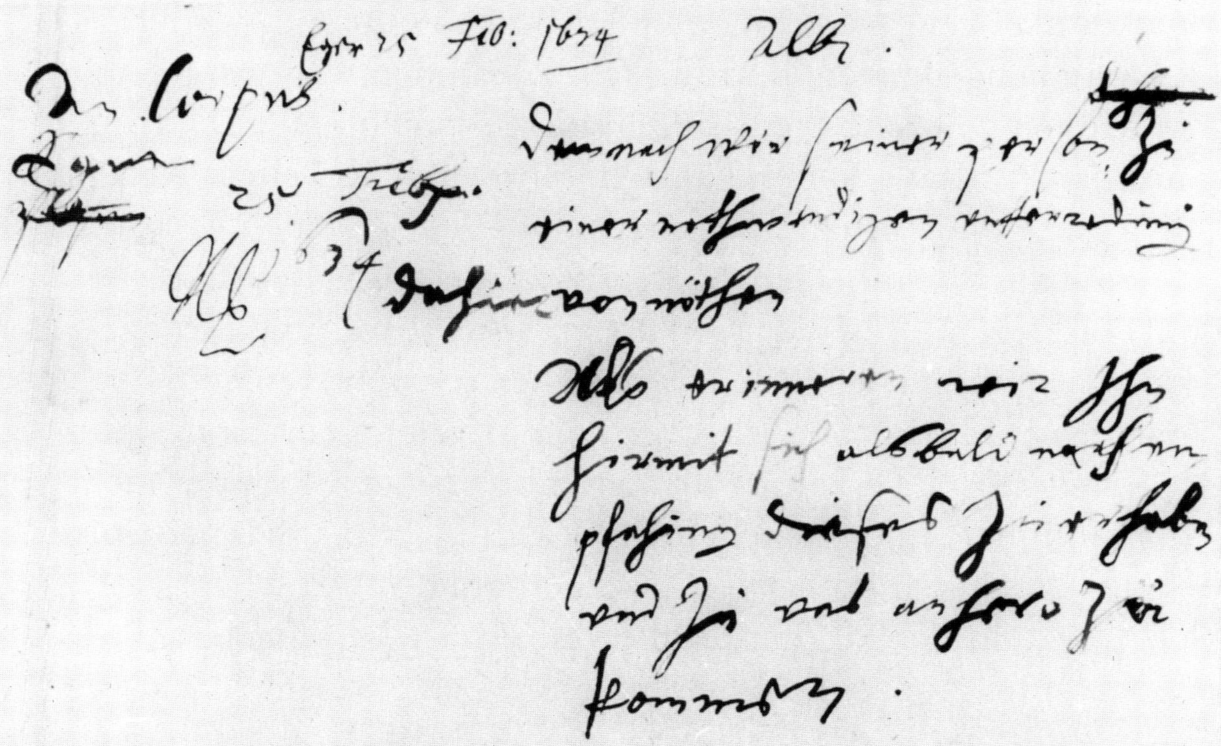

Letzter Brief Wallensteins, wenige Stunden
vor seiner Ermordung an den Kroaten-Oberst Corpus diktiert:
»Demnach wir seiner Person zu einer notwendigen Unterredung
dahier vonnöten: Als erinnern wir ihn hiermit,
sich alsbald nach Empfahung dieses zu erheben und zu uns
anhero zu kommen. Eger 25. Februar 1634.«
Da es sich hier um ein Konzept handelt, so ist unwahrscheinlich, daß Wallenstein den Brief noch selber geschrieben
hat, wie dies der Historiker Hurter versicherte. –
Selbst die Hand des Kanzlisten verrät panische Hast,
etwas wie eine Auflösung der Ordnung.

»Es war zwischen 10 und 11 Uhr. Es muß stockdunkel gewesen sein, denn der Sturm tobte nun wilder als seit Menschengedenken, und Fackeln zu zünden wäre vergebliches Mühen gewesen. Sie stürmten die Treppe hinauf, Deveroux mit der Partisane in den Fäusten, schreiend: Rebellen, Rebellen. Wallenstein hatte sich ans Fenster geschleppt, weil das Sturmheulen ihn ängstigte oder erst, als der Aufruhr im Haus begann. Jetzt, da Geschrei ganz nahe war und Schläge gegen die verriegelte Tür geschahen wie von Keulen, machte er ein paar Schritte gegen die Mitte, wo ein Tisch stand. Er lehnte daran. Er erkannte die hereinbrechenden Männer nicht im Halbdunkel und Fackelschein, begriff nicht die Schmähworte – du schlimmer, meineidiger, alter, rebellischer Schelm! –, die der Mörder brüllte, um sich Lust zu machen. Er wußte nur: Konec. Da ist es endlich. Noch gab sein Mund einen Laut, der wie ›Quartier‹ klang; die altvertraute Gnadenbitte des Soldaten; ein bloßer Reflex. Er breitete die Arme aus. Hauptmann Deveroux hielt sich in der Entfernung, die er brauchte für Waffe und Schwung.«

INNENHOF DES MORDHAUSES MIT TREPPE

V TOMTO DOMĚ
BYL 25. ÚNORA 1634
ZAVRAŽDĚN
GENERALISSIMUS
CÍSAŘSKÝCH VOJSK
ALBRECHT
Z VALDŠTEJNA

»Es ist einsam in der St.-Anna-
Kapelle; um die Gedenkstätte des Sohnes
kümmern die Lebenden sich so wenig wie um die
Grabsteine der Eltern zu Hermanitz.«

KIRCHE DER HL. MARIA MAGDALENA IN HERMANITZ

Sarkophag im Schlosse Telč.
Die Figuren stellen zwei Eheleute aus den Familien Neuhaus und Waldstein dar.
»Vorrecht blieb ihnen noch im Tod. Da lagen sie in ihren eigenen Kapellen, Gemahl und Gemahlin nebeneinander, in weißen Stein gehauen, die Gesichter streng und klar, mit betend emporgereckten Händen die Ewigkeit erwartend, die ihnen noch vollere Herrlichkeit bescheren würde.«

Gruftplatten von Wallensteins Vater und Mutter
zu beiden Seiten des Altars in der Kirche zu Hermanitz.

»Zum dreihundertsten Todestag
ließ die Familie an der Wand über der Gruft eine neue
Marmorkomposition anbringen. In der Mitte,
überlebensgroß, sieht man im Relief Kopf und Brust,
Harnisch, Feldherrnstab; darunter das Wappen.
Links alle Titel, auch die mecklenburgischen, Fürst der Wenden,
Graf zu Schwerin, der Lande Rostock und Stargard Herr.
Rechts die Lebensdaten. Links unten, Ecclesiastes 17, 30:
Quid lucidius sole? et hic deficiet.
Was leuchtet heller als die Sonne? und auch sie
weicht der Finsternis – ein Vers, in dem etwas mitschwingt
wie Böhmens Schwermut.«

EINER DER VIER LEICHENSTEINE FÜR WALLENSTEINS FRÜH VERSTORBENE GESCHWISTER AN DER AUSSENWAND DER KIRCHE ZU HERMANITZ

»Dem Andenken des großen Feldherrn
und Staatsmannes Albrecht Wenzel Eusebius von Waldstein, genannt Wallenstein,
Herzog von Mecklenburg, Friedland, Sagan und Groß-Glogau,
kaiserlichen Generalissimus etc., geboren im Schloß Hermanitz am 24. September 1583,
ermordet zu Eger am 25. Februar 1634.
Der deutsche pädagogische Verein des Königinhoferbezirks am 2. Februar 1884.«
Die Tafel wurde 1945 auf den Speicher
der Dorfschule gebracht, neuerdings aber, versöhnlich, in die Außenmauer
der Kirche zu Hermanitz eingelassen.

Auf Wallensteins Spuren

Pilsen und Prag. Furth im Wald ist der Ort, bis zu dem Wallenstein, Anfang Dezember 1633, seine letzte Kavalkade unternahm. Ihr Ziel, wirklich oder angeblich, war das unlängst durch Bernhard von Weimar eroberte Regensburg gewesen; in Furth kehrte Wallenstein wieder um, sei es, weil weder seine Truppen noch sein eigener gebrochener Körper einem Winterfeldzug gewachsen waren, sei es aus anderen Gründen.

Ist schon der bayerische Teil des Waldes dünn besiedelt, so ist die Siedlungsdichte des böhmischen Teils noch geringer; um die einsamen Höfe, an den zahlreichen Teichen kaum ein Mensch zu sehen. Dann öffnet sich das Land; lange Straßendörfer beginnen; ein paar Kilometer vor Pilsen meldet sich Industrie.

Pilsen ist ausgedehnt, geschäftig, von regem Verkehr durchpulst. Aber in den Außenbezirken zeigt die Stadt nicht allzuviel Neues; die repräsentativen Bauten, wie auch die allermeisten der grauen Wohnhäuser stammen unverkennbar aus der späten k. und k. Zeit. Die Skoda-Werke – mir ist unbekannt, wie sie heute heißen – hat im 19. Jahrhundert ein Graf Christian Waldstein gegründet; derselbe, der den dreisten, witzigen Versuch machte, den unermeßlichen Reichtum Wallensteins, die Güter und Schlösser und Titel durch einen Prozeß zurückzugewinnen, weil die Konfiskationen des Jahres 1634 illegal gewesen seien. Das waren sie in der Tat, aber der österreichische Staat konnte ja nun, nach mehr als zweihundert Jahren, die Bezitzverhältnisse Böhmens nicht noch einmal von Grund auf revolutionieren, und der abenteuerliche Graf wurde abgewiesen. Einer seiner Ingenieure, Skoda, hat ihm später die Pilsener Stahlwerke abgekauft.

Die Altstadt kann man noch gut erkennen, so wie sie auf Stichen des 17. Jahrhunderts dargestellt ist, vor allem den sehr weiten viereckigen Platz, in dessen Mitte der graue Dom steht. Ungefähr gegenüber der Apsis ist das Haus zu sehen, in dem Wallenstein während des Winters 1633/34 sein Hauptquartier hatte, ein frühbarockes Bürger-Giebelhaus, das ehedem rosa gewesen sein muß. Hier, an Wallensteins Krankenbett, wurde der ›Zweite Pilsener Schluß‹ unterzeichnet, der den ersten erklärte, entschuldigte, beinahe zurücknahm. Graf Terzkys Bankett, der Höhepunkt der ›Piccolomini‹, fand im Rathaus statt, einem schönen Renaissance-Bau, gegenüber der Längsseite des Domes. In dem großen Saal, in welchem die Obersten zechten und Illo, wenn wir Schiller glauben dürfen, sich so verhängnisvoller Trunkenheit hingab, wird eben eine standesamtliche Trauung vollzogen, und wir können nicht hinein. Das junge Paar hatten wir kurz vorher beim Verlassen einer Kirche gesehen. Den Lärm des Banketts, wenn es dort so laut zuging, wie die Berichte melden, muß Wallenstein gehört haben. Auf der anderen Seite des Platzes wohnte Piccolomini in einem gedrungenen Haus mit Säulen, welches heute ein russisches Reisebüro beherbergt. Unmittelbar neben Wallensteins Quartier ist das Stadtmuseum. Dort waren 1634 Küche und Gesinde untergebracht; ein schütterer alter Herr sehr altösterreichischen Zuschnittes zeigt uns das Wallenstein-Zimmer, Stiche, Waffen, Gemälde, teils Originale, teils auch Kopien, zum Beispiel Karl von Pilotys ›Seni an der Leiche Wallensteins‹.

Auch ein späteres Portrait der Tochter, einer Gräfin Kaunitz, hängt dort; eine üppige, eher töricht aussehende Barock-Dame, welche dennoch dem Vater sprechend ähnlich ist.

Die Prunkräume des Prager Palastes werden nicht mehr gezeigt. Sie dienen neuerdings jenen staatlichen Repräsentationszwecken, von denen man glauben könnte, die königliche Präsidentenburg auf dem Hradschin sollte ihnen genügen. Übrigens habe ich an die Authentizität der herzoglichen Wohnung, die ich dort in den dreißiger Jahren sah, Zimmer der Herzogin, des Herzogs, der Prinzessin und so weiter, nie glauben können. Denn schließlich war der Palast an die dreihundert Jahre von der Familie Waldstein, Nachkommen von Wallensteins Vetter Max, bewohnt, und die wird die Dinge doch nicht immer so belassen haben, wie sie 1634 waren. Damals konnte man auch das blutige Hemd des Ermordeten sehen samt der Hellebarde, die ihn »zwischen beiden Brüsten« traf und die man in Eger gleichfalls sehen konnte. Nun, also der alte Spuk ist fort. Was ihn ersetzte, wirkt wie der Glanz eines mit antiken Möbeln überaus geschmackvoll eingerichteten Grand-Hotels, sagen wir wie in der Schweiz, der allerersten Klasse. In dem großen Saal, an dessen Decke sich Wallenstein als ein den Sonnenwagen lenkender Triumphator stark verschönt malen ließ, steht ein langer schmaler Tisch für wohl sechzig Gedecke. Ob die Regenten der sozialistischen Volksdemokratie es sich dort manchmal so feierlich wohl sein lassen wie ehedem die ›Feudalherren‹? Da ich nicht eingeladen wurde, kann ich es nicht sagen.

In den gotischen Gewölben der ›Waldstein-Taverne‹, schräg gegenüber dem Palast, läßt man es sich feierlich sein, aber doch nicht allzu wohl. Graulivrierte Kellner bedienen auf das alteuropäisch-höflichste; an jedem der kleinen Tische sitzen zwei oder drei Paare, gedämpft sich unterhaltend oder schweigend und Wein aus feinen, geschliffenen Gläsern trinkend; meistens nur ein Glas, selten eine ganze Flasche vor sich. Nach einer Stunde, oder weniger, erhebt man sich und macht anderen Wartenden Platz.

Zurück zum Palast. Wie um die Manen des noch einmal Ausgetriebenen zu versöhnen, hat man nahe dem Eingang eine kleine Ehrenhalle eingerichtet. Dort sieht man die Staatsportraits von Herzog und Herzogin, ein ausgestopftes Pferd, Sattelzeug, eine Gipsstatuette Wallensteins und einen Plan, der nach alten Stadtregistern über den Bau des Palastes belehrt: Nicht weniger als 25 Häuser hat Wallenstein aufgekauft und niederreißen lassen, um für die unglaublich lange Seitenfront des Palastes, eigentlich eine Kette von Nebengebäuden, Platz zu bekommen. Wir erfahren, wie die fünfundzwanzig enteigneten Besitzer hießen. Nun, enteignet ist nicht das richtige Wort, bezahlt wird der General sie ja wohl haben, aber ich möchte glauben, daß es ihnen schlecht bekommen wäre, wenn sie sich geweigert hätten zu verkaufen. Diese Nebengebäude, die Waldstein-Gasse entlang, decken den Garten von der einen Seite; von der anderen wird er von einer festungsgleichen Mauer geschützt, die den Frieden des lärmscheuen, menschenscheuen Feldherrn sichern sollte. Gegen den Garten, an der hinteren Front des Palastes, öffnet sich die im florentinischen Stil gebaute Loggia, die man von Bildern kennt. Mythologische Gemälde an

Decken und Wänden, Äneas, Penthesileia, Schlachten wohl aus dem Trojanischen Krieg, Nixen mit Fischleibern. In der Loggia und auf einer hölzernen Balustrade, die man vor ihr errichtet hat, sollen heute Fechtturniere stattfinden, wie die Kunst des Fechtens in Böhmen überhaupt hoch im Kurs steht. Jetzt, gegen Abend, wird im Garten gerade gefilmt: ein Shakespeare-Drama, wie wir hören. (Im allgemeinen hören wir alles, was wir hören wollen, ja noch mehr. Eine solche Hilfsbereitschaft der Menschen, Bereitschaft mitzuteilen, manchmal auch sich selber mitzuteilen, in gutem Österreichisch, wenn sie alt sind, in gebrochenem Deutsch, in mühevoll suchendem Deutsch oder auf Tschechisch, habe ich noch nirgendwo erlebt. Von Deutschenhaß keine Spur; besteht er wirklich noch, wie ein Deutsch-Böhme im Nordosten uns sagte, daß er noch bestehe, so merken wir jedenfalls nichts davon.) Gegenüber der Loggia sitzt ein Landsknecht mit einem großen Bernhardinerhund an der Leine und macht wieder und wieder dieselbe lachende Geste, die der Regisseur perfektionieren will. Auch Pferde werden herumgeführt.

Die Hauptfront von Wallensteins Palast ist so groß, so herausfordernd nicht, wie man es vom Charakter und Reichtum des Erbauers wohl erwarten könnte; manches andere Adelspalais auf dem Königshügel, vor allem das der Czernins, hat ganz andere Dimensionen. Der Stil ist schweres, solides italienisches Frühbarock, fast bäuerlich. Wie riesig der Bau ist, erfährt man erst, wenn man in die inneren Höfe eindringt. Dort sind jetzt ministerielle Büros untergebracht, über die ein Wegweiser Nachricht gibt – wohl an die fünfundzwanzig.

Münchengrätz. Westlich von Prag, vor allem aber in Prag selber, macht der internationale Tourismus und Geschäftsverkehr sich bemerkbar, der sich in der Tschechoslowakei zu entwickeln beginnt. Hat man aber die Stadt nach Osten hin verlassen, hat man die altersgrauen wimmelnden Vorstädte hinter sich gebracht, die langen Zeilen von Mietshäusern, die seit den frühen dreißiger Jahren nur ihr Alter verändert, nur die Zahl ihrer Bewohner verdoppelt oder verdreifacht haben – an jeder Wohnungstür stehen zwei oder drei Namen –, hat man die Fabriken passiert, die gleichfalls fast durchweg eine reichliche Zahl von Jahrzehnten alt sein müssen, und ist man endlich auf freiem Lande, so sieht man keinen Fremden mehr. Zwischen den östlichen Ausläufern Prags und der polnischen, ehemals schlesischen Grenze sah ich genau einen einzigen. Die Fahrt geht durch grünes, weites Land, zwischen Hügeln und Wäldern, durch Orte, deren beinahe jeder durch ein Schloß gekrönt wird. In Böhmen gab es über tausend Herrschaften, über tausend Schlösser und auch über tausend Adelsarchive, von denen etwa achthundert intakt erhalten geblieben sind. Unsere erste Station ist Mnichovo Hradište – Münchengrätz. Der Ort selber, berühmt durch eine Konferenz aus der Metternich-Zeit und andere Dinge, sieht aus wie andere böhmische Landstädtchen auch, nicht eben in einladendem Schmuck prangend; das Hotel am Bahnhof, in dem wir absteigen, gehört der C-Klasse an. Was bedeutet, daß es nur kaltes Wasser gibt, die Zimmer ein wenig kahl sind, die Betten ein wenig hart. Nicht so der Empfang. Der Wirt, der deutsch spricht, freut sich sichtlich, Ausländer zu empfangen. Sobald die Rede auf das Schloß kommt, beginnt er eifrig zu erzählen: Dort liege Albrecht von Waldstein begraben, derselbe, der 1634 in Eger ermordet worden sei. Ursprünglich sei er ja nicht in Münchengrätz bestattet worden, sondern ganz anderswo usw. Auch gebe es im Schloß eine Bibliothek, die ein berühmter Italiener geordnet habe. »Wie heißt er doch?« »Casanova?« »Ganz recht, Casanova.« Er freue sich wirklich, daß wir für solche Dinge Interesse hätten. Sei es eben darum, sei es, weil der Wirt sein Handwerk versteht, erhalten wir ein ausgezeichnetes Abendessen, serviert von einem Kellner im Smoking, dessen Eleganz von der Kleidung der Gäste entschieden absticht. Vorher noch gehen wir zum Schloß hinauf, einem hufeisenförmigen Bau; die Fassade arg verwahrlost, Kalk und Ziegel rings herum auf der Erde, der Dachstuhl schadhaft. Der weitläufige Park zuerst Ziergarten und sogar gepflegt, dann schön verwilderte Natur. An der Schloßkirche wurde oder wird offenbar gearbeitet, denn ein Teil der Fassade glänzt in frischem Rosa.

In Böhmen ist es unmöglich, irgendwo zu halten, irgendwo herumzuschlendern, ohne mit den Leuten ins Gespräch zu kommen. Dafür sorgt die fremde Sprache, die man spricht, sorgt die fremde Nummer, welche der Wagen zeigt. Der erste ist ein junger Mensch, der an einem Moped bastelt, etwas Deutsch gelernt hat und nach Absolvierung seines Militärdienstes Lehrer werden will. Studieren kann er sogar während des Militärdienstes; eine löbliche Einrichtung. Dann gesellt sich eine alte Frau zu uns, die das ist, was man mit einem erfundenen Namen ›Sudetendeutsche‹ nennt. (Sudetendeutsche gibt es in der Tschechoslowakei bekanntlich noch über 200000. Sie haben sogar ihre eigene Zeitung, das Wochenblatt

›Für die werktätigen Deutschen in der Tschechoslowakei‹, welches nicht erheiternd ist.) Die Frau erzählt von ihrem Adoptivsohn. Sie fand ihn im Jahre 1945 auf einem Feldweg, ausgesetzt oder verlassen, ein paar Monate alt und ein paar Tage ohne Nahrung. »Er hatte sich die ganze Haut, ja das Fleisch von den Fingern gesaugt.« Den also zog sie auf, obgleich sie doch gewiß nicht viel hatte, womit sie ihn aufziehen konnte. »Jetzt dient er im Heer, ein hübscher Junge ist er.« Später, nach mühseligen Forschungen, erfuhr sie vom Schicksal der Eltern. Der Vater war in Rußland gefallen, die Mutter, während der Vertreibung, hatte sich die Pulsadern durchschnitten ... Ich denke, wie brav diese Frau ist, so sehr, daß man ›das Lied von der braven Frau‹ über sie dichten könnte. Ich denke an die Geschichte der Mutter: Wie sie mitgejubelt haben mochte, als die Deutschen einzogen, und wie dann der Jubel vorüber war, und alles immer bedrückender und immer beängstigender wurde, wie es in unvorstellbarer Verzweiflung endete ... Der Dritte, mit dem wir von ungefähr ins Gespräch kommen, ist der Archivar Dr. Budil. Der Gelehrte hat es ein wenig einsam hier, aber das Leben ist billiger als in den großen Städten, und er liebt seine Arbeit. Von ihr erfahren wir am nächsten Morgen.

Wallenstein hat Münchengrätz aus der großen Konfiskationsmasse nach der Schlacht am Weißen Berg erworben, wie so vieles andere, auf die gleiche Weise, es aber bald an seinen Vetter Max weiterverkauft, dessen Nachkommen es bis 1945 gehörte. So wie der Bau sich heute präsentiert, stammt er jedoch aus dem spätesten 17. Jahrhundert. Die Interieurs sind Rokoko. Die Waldsteins sammelten, was sie bekommen konnten, aber etwas wahllos; Bilder, Waffen, Porzellan, alte chirurgische Instrumente, Bücher. Alles ist wohl geordnet, viel besser im Stand, als das Äußere des Schlosses vermuten läßt. Harte Arbeit für den Kastellan. »Früher«, sagt er uns, »hatten die letzten Besitzer allein für den Garten elf Leute. Heute muß ich mit meiner Frau und noch zwei Frauen Schloß und Park sauberhalten. Aber es wird besser. Lange Zeit konnte nichts getan werden, weil die Republik zu arm war; aber jetzt bekommen wir Geld, und Sie werden sehen, wie in ein paar Jahren alles wie neu sein wird.« Tatsächlich wird am Dachstuhl gearbeitet. Ob sie viel Besucher hätten? Im Winter kaum, aber im Sommer an die 30000.

Die Schätze des Archivs sind überwältigend; dies, obwohl die Waldsteins im Jahre 1912 zehn Zentner Akten verbrannt haben sollen. Von den eigentlichen Waldsteiniana abgesehen, gibt es da Urkunden aus der Hohenstaufenzeit und nie gelesene Briefe Philipps IV. von Spanien, Maximilians I. von Bayern, der spanischen Minister Olivarez und Oñate, Briefe Casanovas, den für seine Rußlandreise von Katharina der Großen ausgestellten Paß, Tagebücher aus dem 17. Jahrhundert, Rechnungsbücher der Waldsteinfamilie (›Erhöhung der Apanage für Comtesse Maria‹), Spuren des größten, Spuren des engsten Lebens. Dr. Budil kann uns nur Proben zeigen, und was für Proben! Da fand man zum Beispiel unlängst zwei Kisten, die einen interessanten Inhalt offenbarten: alle Privilegien, die Wallenstein je vom Kaiser erhielt; die Ernennung zum Herzog von Friedland, samt der Zusicherung, er werde, falls er je Verrat üben sollte, an Leib und Leben bestraft werden, aber nie an seinen Gütern (vor allem dies Privileg war es, auf welches im 19. Jahrhundert der Graf Christian seine Forderung stützte); die Ernennungen zum Generalissimus, zum Herzog von Mecklenburg, auch die Verfassung, die Wallenstein seinem Herzogtum Friedland gab (›Dispositio‹), klar und schön beschriebene Pergamente mit gewaltig hängenden Siegeln und schwungvollen Unterschriften. Eine spezielle Sammlung von fünfundneunzig Briefen Wallensteins hat noch kein Forscher gelesen, ja, bis vorgestern noch keiner von ihr gewußt.

Die Kirche – eigentlich zwei Kirchen: eine alte Kapuziner-Kirche, die gräfliche Barock-Kapelle – ist in arg verwahrlostem Zustand, in Fetzen hängende Bilder, verfaultes Holz; sie soll aber demnächst gerettet werden, soweit sie noch zu retten ist.*

Mit der Geschichte von Wallensteins sterblichen Überresten hat es die folgende Bewandtnis. Zunächst wurde der Leichnam des Ermordeten in dem Franziskanerkloster zu Mies beigesetzt. Nach zwei Jahren erhielt Max Waldstein, der geschickt operierende Neffe, Erlaubnis, ihn, mit grober Unfeierlichkeit und auf einem Leiterwagen, nach Gitschin überführen zu lassen.

In der Karthause, die er selbst gestiftet
zu Gitschin ruht die Gräfin Wallenstein.
An ihrer Seite, die sein erstes Glück
gestiftet wünscht er dankbar einst zu schlummern.
Oh, lassen sie ihn dort begraben sein! (Gräfin Terzky)

* Die Restaurations-Arbeiten haben seitdem schon eindrucksvolle Fortschritte gemacht.

Gegen Ende des Dreißigjährigen Krieges soll der als Eroberer durch Böhmen ziehende schwedische General Banér den Sarg geöffnet und den Schädel des Toten als Trophäe nach Stockholm geschickt haben. Ich kann aber kaum glauben, daß Banér ein solcher Barbar war; auch haben wir von der Ankunft des makabren Paketes in Stockholm keinerlei Nachricht. Jedoch scheinen Spekulationen über Wallensteins Schädel lange nicht zur Ruhe gekommen zu sein, denn in einem Katalog des Archivs aus dem Jahre 1895 fand ich unter der Rubrik ›Herzog zu Friedland‹ die Notiz: ›Mutmaßungen über gefundene Schädelfragmente desselben. Brief von Dr. Maly‹. Im Jahre 1785 ließ der große Säkularisator Kaiser Joseph II. das Kartäuser-Kloster aufheben und in ein Zuchthaus verwandeln, was es denn auch bis 1945 blieb. Da man die Gebeine Wallensteins billig nicht in einer Zuchthauskirche lassen konnte, so wurden sie nun nach Münchengrätz überführt. Im Münchengrätzer Archiv wird ein Exemplar des ›Wienerblättchens‹ vom 22. März 1785 aufbewahrt, in welchem folgender Bericht zu lesen ist:

»Der Leichnam des Anno 1634 entleibten Herzogs von Friedland, Grafen von Waldstein etc. und seiner Gemahlin ist kürzlich aus der Walditzer Karthaus, wo selbiger bisher gelegen, mit vieler Pracht hierher übertragen worden. Verschiedene Grafen von Waldstein haben zwar um die Reliquien dieses großen Mannes angesucht, sie wurden aber von höchsten Orten seiner Exzellenz dem Herrn Vinzenz Grafen von Waldstein-Warthenberg zugesichert. Am Ersten dieses erwartete der hiesige Dechant Franz Wagner die Leiche vor dem Tore und führte dieselbe unter Begleitung einer Menge Volkes in die Stadtkirche, wo sie den ganzen Tag auf einem prächtigen Trauergerüste aufgesetzt blieb. Den Dritten wurden die Körper unter Posaunen und abwechselndem Trauertrompetenschall auf einen mit sechs Pferden bespannten und mit schwarzem Tuch behangenen Schlitten in die Schloßkapelle St. Anna geführt. Die Garnison paradierte neben dem Schlitten. Die PP Kapuziner, eine große Anzahl Weltgeistlicher in kirchlichen Trauerkleidern gingen vor. Die ansehnliche gräfl. Waldsteinische Familie und vieler Adel aus der Nachbarschaft begleiteten die Leiche. Eine zahlreiche Menge Volkes, das aus entfernten Dörfern zu kommen, die große Kälte nicht abhalten konnte, beschlossen den Zug. In der Kapelle wurden von Herrn Dechant die Exequien unter Trauermusik gehalten und dann die Särge in ein eigens dazu verfertigtes Grab gesetzt, worüber Se. Exzellenz der Graf ein Mausoleum werden setzen lassen. Nichts wurde gespart, um diesem außerordentlichen Begräbnis all das Ansehen und alle die Feyerlichkeiten zu geben, die dieser muthige Held verdienet. Die Armen wurden dabey nicht vergessen und I. E. die Gräfin theilten insonderheit reichliche Almosen aus. Die Gebeine des Herzogs liegen in einer zinnenen schön gearbeiteten Thumbe, wo auf dem Deckel steht: Quaeris viator, quis hic jacet? Albertus Eusebius Waldstein Dux Fridlandiae qui anno 1634 die 25. Febr. Egrae fatis cessit aegre. Fulgebat olim splendore Martis, dum pro Deo, pro Ecclesia, pro Caesare, pro Patria fortiter pugnavit & triumphavit. Eum, postquam legitime certavit, Deus ad se vocavit, coelestique corona praemiavit. Cujus jam bello fessa hic in pace quiescunt ossa.«

Im dritten Todes-Centenarium, 1934, entschloß die Familie Waldstein sich zu einer neuen Veränderung. Es sollte eine große, prunkvolle Gruftplatte aufgestellt werden, für die an der Wand, hinter welcher der Sarg stand, der Platz nicht war. Man tauschte also zwei Särge aus. Ein Waldstein-Warthenberg wurde dorthin transferiert, wo bisher Wallenstein ›geruht‹ hatte. Diesen Sarg habe ich gesehen, man braucht dafür nur eine kleine Holztür zu öffnen. Gegenüber wurde Wallensteins Sarg placiert; er soll klein sein – viel gab es da ja wohl im Jahre 1785 nicht mehr zu bergen –, ist aber nicht sichtbar, weil die neue, 1934 verfertigte Platte ihn deckt. Sie zeigt Kopf und Brust des Feldherrn in gewaltigem Bronce-Relief und macht Staat mit seinen sämtlichen Titeln, darunter auch dem mecklenburgischen – Fürst der Wenden, Graf zu Schwerin etc. –, welcher zweifelhaft ist. Die deutschen Kurfürsten haben Wallensteins Herrschaft über Mecklenburg nie anerkannt, und er hat sie auch nur knapp drei Jahre lang praktisch ausüben können.

Das Herzogtum. Münchengrätz liegt im Herzogtum Friedland, diesem schönsten aller Reiche und dem kurzlebigsten auch, denn es hat knapp zehn Jahre gedauert. Von Wallenstein aus über fünfzig Herrschaften zusammengekauft und schöpferisch konsolidiert, erstreckt es sich von der nach Schlesien schauenden Nordostecke Böhmens bis tief in die Mitte und nach Westen; dort bis in die Nähe von Königgrätz, hier bis nach Melnik, etwa vierzig Kilometer nördlich von Prag. Es hat alles, was ein kleines Königreich haben muß: Waldgebirge, in dem die Elbe entspringt, rollendes Hügelland, Ebene; Städte und Dörfer, Bergwerke und Indu-

strien; hat es heute und hatte es damals schon, als es, zur Unterscheidung vom Unglück des übrigen Böhmen, die ›Terra felix‹ genannt wurde. Wie es in diesem Frühling 1966 um uns liegt, die grünen Wiesenteppiche die Hänge entlang, die Kirschbäume in ihrer Blüte bis hinauf zu leuchtendem Mischwald, die von den Hügeln grüßenden Schlösser; Berglandschaft, Parklandschaft, Bauernlandschaft, mitunter Industrielandschaft; ein anderes Luxemburg, ein Frankreich en miniature – wie es sich so um uns bewegt und verändert, könnte es auch heute als Terra felix erscheinen. Das Land ist von der Natur gesegnet wie vor dreihundertundfünfunddreißig Jahren. Die Menschen und ihr Staat – das ist etwas anderes.
Die Hauptstadt war Gitschin, nicht ganz in der Mitte, eher im Südosten des Reiches gelegen; tschechisch Jičin. Im Herzogtum muß man überwiegend tschechisch gesprochen haben, die Deutschen waren damals noch im Nordwesten konzentriert. Aber Wallenstein, selber von tschechischer Herkunft, setzte sie über die Tschechen, setzte jedenfalls die deutsche Sprache über die tschechische; seine Dekrete wurden auf deutsch gegeben, und eines davon machte Deutsch zur Amtssprache. Immerhin soll er auf tschechisch geflucht haben.
Auf den ersten Blick unterscheidet Gitschin sich von anderen böhmischen Landstädten. Der weite Hauptplatz ist von noblen Häusern umgeben, die fast durchweg aus den Jahren 1626 bis 1630 stammen und den Eindruck des Geplanten, im Stil Einheitlichen machen. Kein Wunder, denn Wallenstein nötigte seine Hofbeamten, hier zu bauen und die Einheimischen auch – »Die Bürger sollen bauen oder ihro Fürstliche Gnaden wollen sie

vertreiben«. Den grauen Palast, mit seinen Laubengängen die gute Hälfte von einer Längsseite des Platzes einnehmend, fand er vor, hat ihn aber stark erweitert. Wie gewöhnlich teilen sich ihn jetzt Behörden mit einem Museum, das ein Wallensteinzimmer besitzt: Reiterbild, Modell der Stadt, wie sie in seiner Zeit war – der große Platz war genauso wie heute –, Modell der Kartause, Stiche, Briefe. Unser Führer, der deutsch versteht, wird gemütlich, nachdem er merkte, daß wir ein wenig Bescheid wissen. »Gitschin ist Torso Wallensteins. Sehen Sie die Kirche gegenüber dem Schloß? Die sollte vier Türme bekommen, aber die Zeit hat nicht gereicht.« Von einem großen, in den zweiten Stock durchgebrochenen Saal erklärt er, dort habe Wallenstein das Parlament des Landes versammeln wollen – also die Ständeversammlung, die er wirklich plante. Für ein Parlament ist der Saal nicht gar groß, aber groß war auch das Reich nicht, und neben Klerus und Adel hätten nur sieben Städtlein Vertreter schicken sollen: Gitschin, Friedland, Böhmisch-Leipa, Arnau, Turnau, Weißwasser und Reichenberg. Es wurde nichts daraus, wie nichts aus dem Gitschiner Bistum, wie nichts aus der Universität, an der Grotius und Opitz lehren sollten. In dem Parlamentssaal wird jetzt eine Ausstellung für den 1. Mai vorbereitet: Erste Revolution, deutsche Herrschaft, Befreiung, Zweite Revolution, Zukunft, die sehr großartig werden wird.

Eine vierfach bepflanzte, etwa einen Kilometer lange Lindenallee führt aus der Stadt zu Wallensteins Stallungen. Dort ist auch eine Loggia, von der Ferne der in Prag ähnlich, und ein verwildeter Park, der sich in sumpfigem Waldland verläuft. In den Stallungsgebäuden wohnen Leute, alte

Frauen, wie man sie hierzulande so oft sieht; deren eine deutsch spricht und alsbald mit uns zu plaudern beginnt. »Die Lindenallee hat Wallenstein in zehn Minuten gepflanzt.« »In zehn Minuten?« »Ja, an jeden Platz, wo eine Linde hinsollte, wurde ein Soldat gestellt, dann wurde Kommando gegeben, und in zehn Minuten war alles fertig. Die Allee sollte bis zur Kartause führen, aber dazu reichte ihm die Zeit nicht.« Die Alte hat etwas Heiteres, obwohl ihre Lebensumstände, so wie sie sie uns schildert, nichts weniger als heiter sind. Etwas Heiteres, aber auch etwas Hexenhaftes; wie sie mich bittet, ihr aus der Schweiz ein Flugzeug zu schicken, weil sie gar nicht mehr recht gehen könne, muß ich unwillkürlich an einen Besenstiel denken. »Haben Sie den Einsiedler gesehen?« fragt sie. »Welchen Einsiedler?« »Ist bloß Legende. Der Einsiedler ist Wallensteins Mörder. Ist den ganzen Weg von Eger bis hierher gelaufen, und hier ist er Einsiedler geworden. Man sieht ihn noch in seiner Hütte. Ist freilich etwas kaputt, weil so viele Leute ihn besuchen.« Wir machen uns auf, den Einsiedler zu suchen, aber wie lange wir auch in dem schwülen, versumpften Wald herumlaufen, ein Einsiedler ist da nicht; das Hexlein, beschließen wir, hat uns zum besten gehalten, wie andere vor uns, es ist ihr Standard-Spaß. Aber dann, auf dem Weg zur Kartause, finden wir den Einsiedler doch. Er sitzt tief unten in den Ruinen eines uralten Turmes in einem Bretterverschlag und liest in einem heiligen Buch; ein bemaltes Holzmännlein mit langem Bart. Wie und wann er dort hingekommen ist, weiß niemand mehr.

Die Kartause, »die er selbst gestiftet«, ist noch in Betrieb; eine Art von

Besserungsanstalt, wie man uns sagt.* Der Gatte des Hexleins war Beamter dort – »nicht Gefängniswärter, du lügst; er war Beamter«. Es muß eine strenge Besserungsanstalt sein, denn hoher Stacheldraht zieht sich um das Kloster, Militärs gehen energisch aus und ein, und an die Kirche kommt man nicht heran.

Die Stadt Friedland liegt im äußersten Nordosten des Reiches und gehört geographisch nicht recht dazu; Stromgebiet, nicht der zunächst nach Süden fließenden Elbe, sondern des nach Norden strömenden Flüßchens Wittig, jenseits des Riesengebirges. Daß Gesamtname und Titel von dort kamen, hatte mit altem Recht zu tun: Herzogtümer durften nur am Rand der böhmischen Lande geschaffen werden. Professor Polišensky meint, der Friedländer sei überhaupt nie in Friedland gewesen. Dagegen erzählt die Dame, die uns durch das Schloß führt, er sei dort viermal »zu Gast gewesen«, was wohl heißen soll, daß er viermal dort übernachtete, eine Behauptung, die mir wahrscheinlicher ist als die Ansicht des Gelehrten. Daß Wallenstein den herrlichen Besitz, der obendrein auf dem Weg zu seinem schlesischen Herzogtum Sagan lag, nie sollte gesehen haben, ist schwer zu glauben, auch wenn keine von dort datierten Briefe existieren.** Briefe diktierte oder schrieb Wallenstein ungeheuer viele; mag aber am Abend eines anstrengenden Reisetages mitunter zu müde dafür gewesen sein.

* Da sind wir einem »Irrtum« auf den Leim gegangen.

** Da auch. Es gibt in der Tat aus Friedland datierte Briefe Wallensteins. Richtig bleibt, daß er sich für die Stadt, von der er den Namen trug, erstaunlich wenig interessierte und, verglichen mit Gitschin und Reichenberg, Sagan und Güstrow, fast nichts für sie tat.

Der Weg nach Friedland führt uns über Gablonz, jetzt Jablonec, und Reichenberg, jetzt Liberec. Man könnte nicht sagen, daß die Landschaften darum herum einen verwahrlosten, die Städte einen entvölkerten Eindruck machen. Die Neubesiedlung ist hier, wenigstens auf den ersten Blick, gelungen und vollendet, der Verkehr dicht; alle Fabriken, an denen wir vorbeikommen, sind in Betrieb, die Häuser sehen weder besser noch schlechter aus als in ursprünglich tschechischen Städten. Die Wohnung eines deutschen Arztes in Reichenberg, in die wir eintreten, läßt nicht auf Raumüberfluß schließen; viel eher auf das Gegenteil.

Auf einer Anhöhe über der Stadt gelegen, unter sich Wald und Fluß, halb mittelalterliche Burg, halb Renaissance-Palast, gewaltig in der Anlage, von riesigen Mauern umgeben, durch mehrere Tore, über mehrere Zugbrücken zu erreichen, schien Friedland uns das imposanteste Schloß, das wir je sahen, bis wir an einem der nächsten Reisetage eines besseren belehrt wurden. 1634 wurde es dem neuen Generalissimus, dem Grafen Gallas, geschenkt, dessen Familie, später Clam-Gallas, es bis 1945 innehatte und bewohnte. Bis 1945 – merkwürdig, wie oft dies Datum in meinem Bericht vorkommt. Tatsächlich blieben die Nachkommen der kaiserlichen Offiziere, die Wallensteins Verschwörung (insofern es eine gab) gebrochen hatten und direkt oder indirekt für die Egerer ›Exekution‹ verantwortlich waren, zumeist bis 1945 oder 1948 im Besitz des aus der Konfiskationsmasse entnommenen Mord-Lohnes: die Aldringen in Teplitz, die Hatzfeld in Trachenberg, die Gallas in Friedland, die Colloredo in Opočno; in Nachod die Piccolomini, bis sie, spät im 18. Jahrhundert, ausstarben. Friedland macht einen kontinuierlich bewohnten Eindruck. Der Stil der Räume geht vom Barock bis zur Butzenscheiben- und Bierseidelromantik der Victor von Scheffel-Zeit, bis zu den ›Herrenzimmern‹ des frühen 20. Jahrhunderts. Der letzte Graf starb 1930; sein Portrait zeigt einen spitzbärtigen alten Herrn, sehr wie ein deutscher Universitätsprofessor unserer Jugendtage. Von seinen sieben Töchtern sollen fünf noch leben. Die Kastellanin spricht von den »Herrschaften« ohne jede Antipathie, weiß, wo sie jetzt sind, welche gelegentlichen Kontakte durch eine ehemalige Köchin, eine alte Kammerfrau noch aufrechterhalten werden. Ohne überflüssige Beleidigungen der ›Feudalherren‹ sind auch die gedruckten Führer, die Sammelwerke über Böhmens Schlösser abgefaßt. Die kulturellen Leistungen der alten Besitzer werden gerecht bewertet, die Leiden der Untertanen nur da erwähnt, wo sie in der Tat erwähnenswert sind. Dies, so habe ich gehört, ist ganz anders in der DDR. Dort werden die ›Junker‹, die toten wie die überlebenden, mit giftigem Haß und Hohn überschüttet. Ein Unterschied, der um so bemerkenswerter ist, als der preußische Adel alles war, aber nicht landfremd, dagegen der böhmische Großgrundbesitz, so wie er aus der Katastrophe des Weißen Berges und wieder aus der Katastrophe Wallensteins hervorging, landfremd unleugbar; in seinem erworbenen Charakter überwiegend deutsch, in seinem ursprünglichen deutsch, italienisch, niederländisch, schottisch und was noch. Dennoch verleugnet man seine geschichtliche Bedeutung nicht. Der Platz vor Graf Trčkas Schloß in Opočno heißt noch heute Trčovanáměstí, der Platz vor Wallensteins Palast in Prag Valdštejnské náměstí;

zwar hat der Hauptplatz in Gitschin den Namen des Präsidenten Gottwald annehmen müssen, aber eine Ecke blieb auch hier dem Andenken Wallensteins reserviert.

Von Friedland führt uns der Weg südwärts in die Wälder des Riesengebirges. Friedländisches Gebiet auch hier oben. Einsamkeit, auf dem Kamm Weite des Blicks über mehr Einsamkeiten in der Ferne schwindender Waldberge, wie ich sie in Westeuropa noch nirgends sah; mitunter ein Blick auf die Schneekoppe, die, Ende April, ihrem Namen noch Ehre macht. Die ist nun polnisch und wird es bleiben, wir wissen es. Aber Schmerz und Bitterkeit jener, deren Heimat hier einmal war, kann man erst ganz verstehen, wenn man mit Augen gesehen hat, was sie verloren; ob Wallensteins blühende Lande, ob Eichendorffs Täler weit und Höhen jenseits der Grenze. Übrigens soll es hier im Sommer von Deutschen wimmeln; ob von Bundesdeutschen oder DDR-Deutschen, weiß ich nicht.

Eine Waldherberge, in der wir übernachten, ist von polnischen Gastarbeitern, Waldarbeitern, belegt. Denen geht es gut. Ihr Einkommen ist höher als das des deutschen Arztes in Reichenberg. Kost und Logis bekommen sie für fast nichts und mehr zu essen, als sie essen können (»Wir schmeißen das Fleisch weg«), am Abend leeren sie zu viert zwei Liter-Flaschen Wodka, worauf sie noch vergnügter werden und als selbstverständlich annehmen, daß wir am nächsten Morgen noch einmal umkehren und sie etliche zehn Kilometer zur nächsten Eisenbahn fahren werden; was wir denn auch tun. Am Bahnhof, sehr herrenhaft gekleidet und lederne Handkoffer tragend, danken sie flüchtig. Es geht nach dem heimatlichen Kattowitz, zum Wochenende.

Der Geburtsort. Das Dorf Hermanitz, in dem Wallenstein geboren wurde, ist in unserer Karte nicht vermerkt. Auf ein ›Ermanice‹ treffen wir unweit der Straße von Reichenberg nach Friedland. Aber dort sind weder Reste einer Burg zu finden noch die Grabplatten von Wallensteins früh verstorbenen Geschwistern, die an der Kirchenmauer sein müßten; und eine alte deutsche Frau – wieder eine von ihnen, die sich alle so ähnlich sehen, wie ihr Schicksal es war und ist – erklärt uns, wir seien am falschen Ort. Dieser hieß vor den Vertreibungen Herrmannsthal. Es gebe aber ein Hermanitz; sie wisse das ganz genau, denn eine Frau aus dem Böhmerwald, die hier wohnte, habe einmal aus Hermanitz eine Gans geschickt bekommen, die Gans habe sich verlaufen und sei ganz verschimmelt angekommen. Hermanitz sei nahe bei Friedland. Wenn aber die Gans sich verlaufen hat, kalkulieren wir, so möchte sie wohl zuerst in ein anderes, drittes Hermanitz geraten sein; dies um so wahrscheinlicher, als Wallenstein so nahe an der schlesischen Grenze nicht geboren sein kann. Wirklich finden wir später dies dritte Hermanitz, mehr durch Zufall, im Südosten des Herzogtums, in der Nähe der Stadt Jaromeř. Eine Burg ist auch hier nirgends zu sehen, auch kein Hügel, auf dem sie gestanden haben könnte, das Land ist flach. Aber an dem uralten Gemäuer der Dorfkirche sind die erwünschten Grabsteine diesmal zur Stelle, die Namen nicht zu entziffern, die Wappen aber deutlich als waldsteinische. Im Nu sind auch wieder unsere deutschen Frauen um uns, als hätten sie uns nie verlassen, erst eine, dann zwei, dann fünf, wie immer begierig, zu erzählen und zu erklären. Die Burg, die unerhöht mitten im Dorf stand, ist völlig verschwunden. Ein Bauerngehöft deckt ihren Grund. Nur ein tiefer Keller ist noch da, von dem ein unterirdischer Gang bis zum nächsten Schloß führt, viele Kilometer weit. Ein Junge hat noch neulich versucht, den Gang zu erkunden, und er kam auch ein gutes Stück vorwärts, bis dorthin, wo die Decke niedergebrochen war, da mußte er umkehren. In der Kirche sind die Grabsteine von Wallensteins Eltern. »Sie starben ja schon, als er zwölf Jahre alt war, da kam er zu seinem Onkel nach Koschumberg. Wir sind die letzten, die so etwas wissen, nach uns weiß das keiner mehr.« Eine der Frauen hat den Schlüssel der Kirche. Sie ist in gutem Stand, mit neuen Lüstern, einer neuen Uhr, einem unlängst in Gablonz verfertigten Heiligen Grab, das von hundert elektrischen Birnen glühen kann. Die Grabdenkmäler der Eltern sind zu beiden Seiten des Altars. Steinerne Standardgesichter, Freiherr Wilhelm, den linken Arm gegen die Hüfte gestemmt, in der Rechten ein großes Schwert haltend; Freifrau Margaretha, ein Buch zwischen den betenden Händen, wirkt in ihrer Halskrause etwas bucklig. Früher war ein deutscher Pfarrer da, natürlich, das Dorf war deutsch – »das letzte des Sudetengaues«. Der jetzige tschechische Pfarrer hat fünf Gemeinden, fünf Kirchen zu betreuen, und ist meist auf seinem Fahrrad unterwegs. Zu Wallensteins Zeiten dürfte das Dorf übrigens noch tschechisch gewesen sein. Zwar meinen unsere guten Frauen, wir könnten die Inschriften draußen an der Mauer nicht lesen, weil sie lateinisch seien; aber auf dem verwitterten Stein sind ein paar tschechische Formen wie swata oder Waldstejna immerhin zu erkennen. Eine Gedenktafel, die ehedem an der Schule angebracht war, 1945 aber auf dem Speicher deponiert wurde, unternimmt der tschechische Lehrer uns zu zeigen, ein sportlich gutaussehender, freundlicher junger Mann. Die Inschrift auf der Tafel: »Dem Andenken des großen Feldherrn und Staatsmannes Albrecht Wenzel Eusebius von Waldstein, genannt Wallenstein, Herzog von Mecklenburg, Friedland, Sagan und Groß-Glogau, kaiserlichen Generalissimus etc., geboren im Schloß Hermanitz am 24. September 1583, ermordet zu Eger am 25. Februar 1634. Der deutsche pädagogische Verein des Königinhoferbezirks am 2. Februar 1884.« – Zum 250. Todestag also.

Wie wir von dem Schulspeicher herunterkommen, wartet eine unserer Freundinnen auf uns, zwischen den gackernden Hühnern, unter blauem Himmel und Sonnenschein. Sie überbringt ein paar alte schwarze Wachstuchhefte. Das sei eine Chronik von Hermanitz, die sie vor langen, langen Jahren selbst geschrieben habe. Ob ich einen Blick hineintun dürfte? »Nein, nein, ich möchte sie Ihnen schenken. Sie können sie vielleicht brauchen. Wir sind ja die letzten hier. Was soll sie mir noch?«

Später las ich in den Heften, in der braven deutschen Kinderschrift. »Hermanitz an der Elbe«, beginnt es, »besteht aus den Ortschaften Hermanitz und Bilaum mit zusammen 69 Häusern und 453 Einwohnern, welche Deutsche sind und der katholischen Religion angehören.« – »Im Jahre 1879 wurde die bisher zweiklassige Schule dreiklassig.« – »Im Jahre 1884 wurde Oberlehrer Johann Jerubek von seiner Majestät mit dem silbernen Verdienstkreuz mit der Krone ausgezeichnet.« Und so fort. Die ›Chronik‹ enthält eine ausgewachsene Biographie Wallensteins, die den Einfluß von Schillers ›Dreißigjährigem Krieg‹ bis zum Wortlaut verrät. Auch finden sich Gedichte in den Heften, Strophen etwa, die ›Abend im Dörfchen‹ überschrieben sind und deren erste lautet:

So soll denn wirklich Abend werden?
Im Dorf das Hirtenhorn erschallt,
es ziehen blökend heim die Herden
des Kirchturms-Glöckchen Ton erschallt...

Ferner Sinnsprüche wie: Die Heuchelei – ein faules Ei, oder: Zorn, Haß und Neid schafft dir nur Leid... Ob die Schreiberin diese Dinge selber gedichtet hat, oder ob sie etwa vom Herrn Oberlehrer Jerubek stammen, wer kann das sagen?

Es können keine vertreibenswerten Menschen gewesen sein, die in diesem Dorfe lebten und diese Gedichte machten; so wenig wie ihre tschechischen Nachbarn. Sie sind unschuldig, müssen es sein, an den Schicksalen, die beide Völker trafen. Wer schuld ist? Nun, die Gebildeten, Halbgebildeten und Ehrgeizigen, die Journalisten, Professoren, politisierenden Advokaten, volkstumskundigen Turnlehrer und andere solche der Menschheit Plagen in beiden Lagern. Der Unfug, den sie trieben, und meistens nicht einmal mit ganzem Ernst trieben, ist schuld daran, daß die junge Mutter sich die Pulsadern öffnete und ihr Knäblein seine Finger bis zu den Knochen absaugte, und daß die armen alten Frauen hier »die letzten« sind. Ihrerseits müßten die Tschechen ja nun wohl sehr glücklich sein, weil ihr

Traum, als Nation ganz unter sich zu leben, sich endlich erfüllt hat. Ob sie es sind?

Nachod. Stadt und Schloß Nachod liegen einige Kilometer außerhalb und östlich des Herzogtums Friedland, nahe der Grenze des Gebietes, das ehedem die Grafschaft Glatz war, dann preußisches Schlesien, nun Polen. Die Stadt ist ein Stück ›Sozialistischer Aufbau‹, der nicht viel anders aussieht als kapitalistischer Aufbau; voller industrieller Tätigkeit, überwiegend neu und großzügig gebaut, für den, der das Alte liebt, mehr imponierend als anheimelnd. Das Alte steht auf einem Felsengrat und ist sehr alt: gotische Burg mit dickem Turm und Mauern den Berg herunter zur Stadt, Renaissance-Schloß, Barockschloß angefügt, Kirche, Theater, Vorburgen, Beamtenhäuser, Terrassen – ein riesig-unübersichtliches Baudenkmal dessen, was die Kommunisten nicht ohne Recht ›die Feudalherren‹ nennen. Die Reste unseres landbesitzenden westdeutschen Adels sollten sie freilich nicht so nennen, das ist kindisch; aber die hier bauten, regierten, sich mit Festungsgürteln und Garnisonen gegen die eigenen Untertanen schützten, die waren ›Feudalherren‹. Zuerst waren es die Smiřicky, überaus reich. Da sie mit dem Aufstand von 1618 verbunden gewesen sein sollten, so nahm es 1621 ein Ende mit ihnen. Wallenstein, dessen Mutter eine geborene Smiřicky war, brachte den Großteil ihres Besitzes an sich, Nachod ging an die Familie Trčka (Terzky bei Schiller). Deren Herrlichkeit dauerte nicht lang, denn Adam Trčka, Wallensteins Schwager, war eine treibende Kraft bei dem, was als Wallensteins Verschwörung gilt. 1634 erhielt Octavio Piccolomini die Herrschaft Nachod zum Ehren-Sündenlohn. Die Piccolomini residierten dort oben, bis sie 1784 ausstarben. Danach gehörte das Schloß eine Zeit den Biron von Kurland, zum Schluß den Schaumburg-Lippe. Ein Portrait des letzten Besitzers aus dieser Familie ist zu sehen: ein junger Soldatenfürst in früh-wilhelminischer Prunkgewandung, die rote Uniformjacke mit Sternen und Kreuzen bedeckt, ein Federbusch auf der Kappe, Glacés in der Hand; im Hintergrund läßt der Maler die Umrisse seines Herrensitzes ahnen. Es ist derselbe Schaumburg-Lippe, der, wie uns präzisiert wird, »am 5. Mai 1945« das Schloß für immer verlassen mußte. Ungern stellt man sich den alten Herrn auf der Flucht vor und ist eher erleichtert zu hören, daß er noch im selben Jahre starb.*

Die Räume von Nachod, die gezeigt werden, sind überwiegend durch die Piccolomini bestimmt. Diese haben es mit ihren Bauern sehr übel getrieben, im 18. Jahrhundert einen Aufstand grausam niedergeschlagen. Das ist tadelnswert. Aber die Spuren, die sie hinterließen, zeigen wieder einmal, daß Unterdrückung auf der einen Seite, Reichtum und Schönheit auf der anderen sich in früheren Zeiten nur zu gut vertrugen, ja, einander bedingten. Was die Nachkommen des italienischen Freibeuters mit erpreßtem Geld hier zusammentrugen an Möbeln und Bildern und Porzellan und vor allem an Gobelins, das konnten nur sie, mit sicherem Geschmack, das konnte kein Staat. Der konnte es nur, nachdem Jahrhun-

* Auch eine falsche Information. Bei einer späteren Reise sahen wir das Grab des letzten fürstlichen Besitzers in dem kleinen Friedhof oberhalb des Schlosses, der 1866 für die Gefallenen des Gefechtes bei Nachod gegründet wurde.

derte ihr Werk getan hatten, enteignen, übernehmen und, man gesteht es gern, sehr anständig verwalten.

Octavio Piccolomini ging weit aus seinem Weg, um den neuen Unrechtsbesitz gründlich zu seinem eigenen zu machen. Zumal ein ›spanischer Saal‹ dient ganz seinem Ruhm. Viermal sieht man den Großplünderer hier abkonterfeit: an der Decke, wo er, zur ohnmächtigen Wut geschlagener Feinde, von Mars in den Olymp des Sieges eingeführt wird; im Portrait, von den Stulpenstiefeln über die Schärpe um den gewaltigen Bauch bis zum Schnauzbart, den schlauen, harten Augen unter der Perücke; in dem Gemälde von Sandrart, welches eine gegen die Franzosen gewonnene Schlacht darstellt; in einem anderen Gemälde, gleichfalls von Sandrart, das uns das Nürnberger Friedensbankett von 1649 vor Augen führt. Man muß hier wissen, daß zwar der ›Dreißigjährige Krieg‹ zu Münster und Osnabrück grundsätzlich im Jahre 1648 beendet wurde, daß es aber noch ein Jahr dauerte, bis man sich über die Etappen der Räumungen und Demobilisierungen einig wurde, was in Nürnberg geschah. Danach feierten die Herren und ehemaligen Gegner auf das großartigste; da flossen die Springbrunnen mit Rosenwasser, da gab es der Orchester vier, und sechs Gänge mit je 150 Speisen, und Berge aus Kuchen, und solche, welche Wohlgerüche spendeten, während aus dem Maul eines Löwen, der in der einen Pranke den Ölzweig, in der anderen das zerbrochene Schwert hielt, roter und weißer Wein sechs Stunden lang floß. Octavio präsidierte. Mehr naturgetreu als schmeichelnd hat der Maler, der zugegen war, das gierige, feiste Schmunzeln in der Visage des Generalissimus wiedergegeben.

In anderen Räumen hängen Familienbilder, Ahnen sowohl wie Nachkommen. Der kleine Octavio an der Hand seines Vaters, der auch ein Feldherr war, im Dienst der Florentiner, und in Nordafrika Lorbeeren gewann; der Sohn Octavios, Silvio Joseph, von dessen Portrait uns erzählt wird, Schiller habe sich von ihm bei einem Besuch Nachods zu seinem Max anregen lassen. Was nicht richtig ist. Legitime Söhne hatte Octavio überhaupt nicht. Er hatte einen illegitimen Sohn, Ascanio, und beide, der entfernte Verwandte Silvio Joseph und der Bastard Ascanio, fielen in Schlachten des Dreißigjährigen Krieges. Aber davon hat Schiller nichts gewußt. Auch war er nie in Nachod; mit einem »Herrn von Schiller aus Polen«, der 1791 in Nachod war, hat unser Dichter so wenig gemein wie Max Piccolomini mit dem jungen Silvio Joseph, der angenehm genug aussieht. Von ihm geht es weiter über triumphierende Damen und befehlend in die Ferne deutende Herren des Barock bis zu dem letzten Piccolomini, einem schlanken und zarten Prinzen aus dem späten 18. Jahrhundert. War er es, der 1775 seine Bauern mit so grausamen Strafen heimsuchte? Es könnte wohl sein, daß alle seine Feinheit ihn nicht daran hinderte.

Einen großartigen Blick hat man von der Altane des Schlosses nach den Wäldern Schlesiens hinüber wie auch unmittelbar auf die Stadt. Zu unmittelbar. Aus zu tiefem Grunde verschieden war, was da unten sich regt und wimmelt, von der Anordnung des Lebens hier oben. Eine Spannung, die wohl gelöst werden mußte und nur zugunsten der übermächtigen Gegenwart gelöst werden konnte. Die Nemesis kam spät wie gewöhnlich, zu einer Zeit, als die ›Feudalherren‹ keiner Fliege mehr etwas zuleide taten.

Und doch kann ich nicht umhin zu denken: Auch ohne den Zusammenbruch von 1945, auch ohne den Staatsstreich von 1948 wäre hier keine Dauer mehr gewesen. Die Herrschaften selber wären des Lebens in den endlosen kalten Zimmerfluchten überdrüssig geworden, sie hätten keine Bedienung mehr gefunden, und peinlich hätte die Frage, was sie denn in dieser zu hart an der Wirklichkeit gelegenen Zauberwelt noch sollten, sich ihnen aufgedrängt. Eines Tages hätten sie das Schloß zugemacht.

Hotel Beranek, auf dem ›Platz der großen roten Oktober-Revolution‹ gelegen, ist ein solides Provinzhotel aus der Kaiser-Franz-Joseph-Zeit. Natürlich gehört es nicht mehr Herrn Beranek, sondern dem Staat, was aber keineswegs bedeutet, daß es schlecht geführt wäre. Der Empfang ist formell; adrett uniformierte Raumpflegerinnen walten ihres Amtes; promt und höflich bringen die Kellner, was man aus einer beträchtlichen Karte ausgewählt hat. In dem hohen und weiten Speisesaal unter schweren Kronleuchtern sitzen Arbeiter in ihren Lederjacken und scheinen dort, wo ehedem Industrielle oder gehobene Handelsreisende tafelten, sich frei und selbstverständlich zu fühlen. Als Herren. Es ist dies ein Eindruck, den wir, um es diplomatisch auszudrücken, in Böhmen sonst nicht hatten. Auch die Versorgung der Stadt ist attraktiver als anderswo; in Milchbars erhält man für billiges Geld frische und gute Sachen.

Der alte Hauptsitz der Familie Trčka war Opočno, etwa zwanzig Kilometer südwestlich von Nachod. Nach Wallensteins Katastrophe schenkte der Kaiser das Schloß einem anderen Italiener, dem Obersten Colloredo, dessen Nachkommen es bis 1948 besaßen. Im Februar 1631 fand hier die

Taufe von Adam Trčkas Söhnchen statt, bei der Wallenstein Pate stand. In ihrem ›Dreißigjährigen Krieg‹ läßt Ricarda Huch die Trčkas am Fenster stehen und die sich nähernde Kavalkade des Herzogs beobachten: »Berittenen, die die wallensteinische Livree trugen, folgte seine vierspännige Kutsche und dieser eine Reihe von Wagen mit der Bedienung und dem Reisegepäck.« Das ist nicht möglich; der Blick aus dem Schloß und seinem nach Osten geöffneten Arkadenhof, hinunter in das von einem Flüßchen belebte Parkparadies und über die Tafelhöhen des Adlergebirges ist schön über alle Beschreibung, aber die von Gitschin kommende Landstraße kann man nicht sehen, weil das Städtchen dazwischen liegt. – Gelegentlich dieses Tauf-Festes soll es zu einem ersten Verschwörungsgespräch zwischen dem Wallenstein-Kreis und dem tschechischen Emigranten und Zwischenträger Rašin gekommen sein, zu dem auch die alte Gräfin, Adams Mutter, zugezogen wurde; so behauptet Rašin jedenfalls. »Die Mutter war ein böses Weib«, entscheidet unsere Führerin. »Warum?« »Sie war schlecht mit den Leuten.« Der strengen Tschechen-Spanierin, deren Bild im Treppenhaus hängt, wäre das wohl zuzutrauen. Ihr Sohn, Adam, sieht jovialer als intelligent aus; fein und klug dagegen sein Schwager, Wilhelm Kinsky, der gleichfalls in Eger ums Leben kam.

Sonst ist von den Trčkas in dem herrlichen italienischen Renaissance-Schloß nicht viel übriggeblieben. Seine Einrichtung ist ganz von der dreihundertjährigen Colloredo-Herrschaft geprägt: theresianische Salons mit Habsburger Familien-Portraits, niederländische und italienische Meister des 18. Jahrhunderts, Waffen über Waffen, Löwen- und Tigerfelle, afrikanische Jagdtrophäen der letzten Grafen. »Diese Sammlungen«, meint gutmütig der Schloßführer, »ebenso wie die Ausstattung der Wohnräume ist ein Beleg für den Lebensstil des Adels in dieser Zeit.« In der Tat, das ist er. Was gibt es Schöneres als alte, gepflegte Pracht in der Einsamkeit? Nur leider sind Zweck und Leben daraus verschwunden.

Eger. Wallenstein brach zu seiner letzten Reise am 22. Februar 1634 in Pilsen auf. Mies, heute Stribro, wo er die erste Nacht zubrachte, liegt von Pilsen 24 Kilometer entfernt, Plan, das zweite Nachtquartier, 26 von Mies, Eger, wo er am Abend des dritten Tages anlangte, 34 von Plan. Kurze Reisestrecken, in einer zwischen zwei Pferden hängenden Sänfte langsam zurückgelegt. »Mein Städtlein Mies« gehörte dem Feldmarschall Illo; Wallenstein schlief – oder wachte, denn er schlief nicht mehr viel – in Illos Schloß, von dem keine Spur übriggeblieben ist. Das Schloß in Plan steht noch und wird als Kaserne gebraucht. Für den Kranken, von Gicht und schwärenden Wunden Gepeinigten in seiner Sänfte muß die Flucht unter dem grauen Winterhimmel bitter gewesen sein. Die Straße lief, wo sie heute noch läuft, bis Mies nach Westen durch flaches Land, dann nordwestlich zwischen Waldhügeln, die bald nahe heranrücken, bald sich entfernen, bergauf und bergab.

Unweit Eger ist wieder offene Ebene. Die Burg, eine Pfalz der Hohenstaufen, liegt am Rande der Stadt kaum höher als sie und hatte wohl ursprünglich mit der städtischen Siedlung nichts zu tun. Damals waren die Burg und die Stadt in ihren Mauern von weitem sichtbar; heute sieht man keine

Stadt liegen, sondern gelangt zwischen Fabriken, Garagen, neuen Wohnhäusern allmählich in sie hinein.

Die alte Reichsstadt, dem Königreich nur verpfändet, und die deutscheste von Böhmens Städten, war nach 1945 in erbärmlichem Zustand gewesen; von amerikanischen Luftangriffen heimgesucht, dann entvölkert, geplündert, bis zum äußersten verwahrlost. Davon ist jetzt nichts mehr zu spüren. Die Vorstädte sehen aus wie andere tschechische Vorstädte; das alte Zentrum strahlt in Weiß, Rosa, Blau und Gold. Da ist kein Patrizierhaus, das nicht liebevoll-wissenschaftlich wiederhergestellt worden wäre; das staatliche ›Institut für Renovierung historischer Städte und Bauten‹ hat bewunderungswürdige Arbeit geleistet. Da heute der 1. Mai ist, so leuchtet die Stadt auch noch von anderen Dingen. Aus jedem, buchstäblich jedem Fenster hängt ein rotes Papierfähnchen, und Bänder mit solchen aktuellen, praktischen Ermahnungen wie »Proletarier aller Länder, vereinigt Euch!« ziehen sich über die Straßen. Auch »Mir!« ist häufig zu lesen, daneben das deutsche Wort »Friede«. Wie in allen tschechischen Städten wimmelt es von Soldaten und eleganten, in ihrer Haut und Tracht sich wohlbefindenden Offizieren. Der Marktplatz heißt jetzt ›Platz der tschechoslowakischen Armee‹.

Da ist ein Gewimmel, wie anderswo auch, verstärkt durch die besonderen Bedingungen des heutigen Tages, getönt durch eine gewisse Diskrepanz zwischen Behausung und Behausten, dem deutschen Mittelalter und Barock, den Menschen, die oft nicht so wirken, als ob sie aus Böhmen kämen. Woher kommen sie? Aus der Slowakei? Dort ist man groß und blond, während wir hier auf Kinder treffen, die aussehen wie kleine Araber, kleine Zigeuner. Aber diese anscheinende Fremdheit zwischen Altstadt und Neustädtern ist nur eine ästhetische. Den Leuten selber, die heute sonntäglich gekleidet durch die Straßen flanieren, ist sie, nach so und so viel Jahren, sicher nicht bewußt. Sie haben Besitz ergriffen, sind im Besitz, haben sich völlig an ihn gewöhnt. Tschechische Zeitungen nennen Eger die »Stadt der jungen Leute und der alten Geschichte«. Daran ist etwas, viel Jugend sieht man in der Tat; die Stadt beherbergt Fachschulen, Lehrlingsanstalten und Kindergärten, deren Zahl nicht rasch genug wachsen kann.

Die Burg ist zum größten Teil Ruine, Ruine der Rittersaal und das Kabinett daneben, in dem das ›Eger'sche Bankett‹ stattfand. Eigentlich war es nur ein Abendessen zu sieben, vier Opfer, drei Mörder. »Ich höre rauschende Musik, das Schloß ist von Lichtern hell«, läßt Schiller seinen Wallenstein sagen. Der wirkliche Wallenstein konnte von seinen Zimmern aus die Burg nicht sehen, auch keine Tafelmusik von dort hören.

Das Haus, in dem er sein letztes Quartier nahm, steht am unteren Ende des Marktplatzes. Wir gehen die breite Vordertreppe hinauf, die Mördertreppe. Im ersten Stock ist eine Diele und eine Tür, welche die Nummer 5 trägt. Nummer 5 diente als Vorzimmer; hier wachte der Kammerdiener, der, als er das Stampfen und Grölen der Hellebardiere hörte, – »Wer darf hier lärmen, still, der Herzog schläft!« – herausgestürzt kam und von Deveroux niedergestochen wurde. Eben dort importuniert uns jetzt ein kleiner Zigeuner mit den zartesten Gebärden um ein Almosen. In die

Zimmer dürfen wir nicht hinein; kein Wunder, denn es sind die Sitzungsräume des NV oder Nationalkomitees, einer Abart von Sowjet, die es in jeder Kreisstadt gibt. Ob die Sekretärin, die in Wallensteins Schlafzimmer an ihrer Maschine sitzt, weiß, was hier einmal geschah? Wahrscheinlich nicht, und wenn sie es wüßte, so wäre es ihr völlig gleichgültig.*

Das Haus, 1634 dem Bürgermeister Pachhelbel gehörig, wurde im späten 17. Jahrhundert von Jesuiten bewohnt. In einer Historia Societatis Jesu in Bohemia liest man, ein visitierender Pater, dem man Wallensteins Schlafzimmer anwies, habe dort nachts die befremdlichsten Erfahrungen gemacht, über die er sich jedoch nicht äußern wollte. Nur, bemerkte er beim Frühstück »mit drohend erhobenem Zeigefinger«, man hätte ihn nicht ungewarnt in einem solchen Zimmer schlafen lassen sollen. Auch: Von Wallenstein sollte fürderhin niemand schlecht sprechen, er verbiete es... Zur Jesuitenzeit waren an der Wand noch Blutspuren zu sehen. Später zogen die Kommandanten der Festung Eger in das Haus, und einer von ihnen, General Güldenhof, ließ 1757 die Flecken abkratzen und überweißen. Christoph von Murr, der, 1790, diese Details berichtet, fügt hinzu: »Sonderbar! Die Jesuiten ließen das Blut; und ein Soldat hatte ein Grauen daran.« – Im Hintergebäude befindet sich das Museum der Stadt. Deutschen Ursprungs natürlich, aber neu gestaltet und reichhaltig genug mit

* Über die Lokalität des Mordzimmers bestehen Zweifel. Neuerdings hat man ein auf den Innenhof gehendes Zimmer mit Himmelbett samt Decke und Linnen, Hellebarde und Stiefeln geziemend ausstaffiert. Meiner Überzeugung nach wohnte Wallenstein im ersten Stock des Vorderhauses, Blick auf die Straße, und ich habe beträchtliche Argumente dafür.

Ausgrabungen, Volkskunst, Patriziermöbeln; mit Glasperlenstickereien, Zinngefäßen, Elfenbeinminiaturen; mit dem uns nun schon vertrauten Saal, welcher die helle Gegenwart und viel hellere Zukunft mit dunklen Vergangenheiten kontrastiert.
Auf dem Platz hat mittlerweile die Maifeier begonnen. Zunächst wird eine lang und etwas ins Lyrische, Schluchzende gedehnte ›Internationale‹ durch alle ihre Strophen gespielt, wozu die Leute in einer angedeuteten Habt-acht-Haltung stehen, die Polizisten die Hand an der Mütze. Sahen wir am frühen Morgen allerlei Züge in Vierer-Reihen und mit roten Fahnen herummarschieren, Betriebseinheiten wahrscheinlich, Schulklassen, Sportklubs und dergleichen, so zeigt das Gedränge auf dem Markt keinerlei Gliederung; nur »Menschen, Personen, Publikum, Passanten, Volk«, wie es bei Karl Valentin heißt. Dann folgt eine Rede. Dann besteigen Beatles die hölzerne Estrade. Der Blödeste muß erkennen, daß es Beatles und nichts anderes sind. Mit mildem Amüsement hören die Leute den musikalischen Bemühungen westlich-degenerierten Gepräges zu; Gestalten darunter, die mit ihren Rupfensackhemden, wuchernden Jungbärten, bis auf die Schultern wallenden Haaren noch verwegener wirken als jene, die da oben blasen und hämmern. Dann ist auch das zu Ende und alles zu Ende, ohne Hurra-Schluß, ohne Abschluß überhaupt. In kleine Familiengruppen aufgelöst, Kinderwagen schiebend oder Kinder an der Hand führend, verlassen die Menschen allmählich den ›Platz der tschechoslowakischen Armee‹, weder feierlich, noch sehr heiter, noch düster.

Anhang

Bildverzeichnis

Den überwiegenden Teil der in diesem Buch wiedergegebenen Bilder photographierte Ruedi Bliggenstorfer. Als Assistent wirkte mehrfach der tschechische Photograph Jan Fiala, der auch die Ruinen des Schlosses Koschumberg aufgenommen hat. Im folgenden werden die von anderen Photographen stammenden Aufnahmen ausgewiesen. Gemälde, Dokumente und Münzen sind – so vollständig wie möglich – verzeichnet. Der Verlag dankt den nachstehend genannten Rechteinhabern für die freundlich erteilten Reproduktionsgenehmigungen.

Photos von Ruedi Bliggenstorfer: Seiten 13–17, 19 (Ahnentafel), 20–23, 25–33, 37 (Senno), 38, 39 (Harrach), 40, 42 (Gallas), 43 (Colloredo), 44–62, 66–83, 88, 89, 93–95, 99–112.

36 *Brief Keplers* an Wallenstein aus Sagan, wo der Adressat dem Astronomen eine Existenz gegeben hatte, 10. Februar 1629. Illustrissime Celssime Princeps, Domine Clementissime ... Handelt sich um einen astrologischen Auftrag, den Wallenstein ihm erteilt hatte, die Berechnung einer »Conjunctio Magna«, und, wie so oft, um Keplers Geldforderungen an den Kaiser. Staatsbibliothek Preußischer Kulturbesitz, Berlin.

37 *Johannes Kepler*. Öl, unbekannter Maler; Fondation Saint-Thomas, Strasbourg.
Giovanni Battista Senno. Öl, unbekannter Maler; Schloß Friedland.

38 *Karl Leonhart von Harrach*. Öl (Ausschnitt), unbekannter Maler; Schloß Bruck an der Leitha.
Franz Albrecht von Harrach. Ölgemälde von Johann Ulrich Mair (Mayer); Schloß Rohrau, Graf Harrach'sche Familiensammlung.

39 *Ernst Adalbert Kardinal von Harrach*. Öl, unbekannter Maler; Schloß Münchengrätz.
Kaiser Rudolf II. Ölgemälde von Giuseppe Arcimboldi; Kungl. Livrustkammaren, Stockholm.

40 *Graf Wilhelm Kinsky*. Öl, unbekannter Maler; Schloß Opočno. (Die Identität des Porträtierten wird neuerdings bezweifelt.)
Graf Adam Erdmann Trčka. Öl, unbekannter Maler; Schloß Opočno.

41 *Christian von Braunschweig-Wolfenbüttel*. Ölgemälde von Paulus Moreelse; Herzog Anton Ulrich-Museum, Braunschweig.
Der König von Schweden. Öl, unbekannter Maler; Staatsbibliothek Preußischer Kulturbesitz, Berlin.

42 *Johann von Aldringen*. Ölgemälde von Julius Schnorr von Carolsfeld, angeblich nach van Dyck; Heeresgeschichtliches Museum, Wien.
Matthias Gallas. Öl, unbekannter Maler; Heeresgeschichtliches Museum, Wien.

43 *Feldmarschall Graf Colloredo*. Öl, unbekannter Maler; Schloß Opočno.
Hans Georg von Arnim. Heliogravüre nach einem Gemälde eines unbekannten Malers; Privatbesitz.

44/45 *Kurfürst Maximilian I.* Bronzebüste von Hans Krumper (nach 1628); Residenz München. *Octavio Piccolomini.* Büste in der Servitenkirche in Wien, in der auch Piccolominis Gruft zu finden ist; jedoch ohne Namen. (Der Feldmarschall war im Tod bescheidener als im Leben.)
Kaiser Rudolf II. Bronzebüste von Adrien de Vries; Kunsthistorisches Museum, Wien.

46 *Der Prager Fenstersturz.* Öl, unbekannter Maler; Schloß Telč.

50 *Wallensteins Belehnung.* Dokument im Archiv Schloß Münchengrätz.

63 *oben:* Dukat 1629. Münzstätte Gitschin; Münzmeister Georg Reick (Sonne); ∅ 21,4 mm, Gewicht 3,445 g. Deutsche Bundesbank, Geldmuseum, Frankfurt am Main.
unten: Reichstaler 1629. Münzstätte Sagan; Münzmeister Wardein Gottfried Ehrlich (G-E); ∅ 46,6 mm, Gewicht 29,012 g. Deutsche Bundesbank, Geldmuseum, Frankfurt am Main.

64/65 *Diktierter Brief Wallensteins.* Privatbesitz GM.

82 *oben:* Ausschnitte aus einem Gemälde im Schloß Bruck an der Leitha.

84 *Stralsund.* Photo: Dr. Herbert Ewe, Stralsund.

85 *Mecklenburgische Seenlandschaft.* Photo: Gisela Pätsch, Rostock.
Güstrower Schloß. Photo: Uwe Seemann, Güstrow.
Wismar – Marktplatz und Wasserkunst. Photo: Prof. Heinz Föppel, Zeitz.

86 *Fugger-Palast.* Photo: Alfred Hoschka, Memmingen.

87 *Wahre Historie des Wallensteinischen Gelächters.* Flugblatt; Bayerische Staatsbibliothek, München.

90/91 *Alte Veste bei Nürnberg.* Photos: Knut Beck, Bad Soden/Ts.

93 *Plan der Schlacht bei Lützen.* Heeresgeschichtliches Museum, Wien.

94/95 *Schlacht bei Lützen.* Ölgemälde von Peter Snayers; Heeresgeschichtliches Museum, Wien.

96/97 *Blutbrief Pappenheims.* Heeresgeschichtliches Museum, Wien.

103 *Letzter Brief Wallensteins.* Staatsarchiv Prag.

Vor- und Nachsatzblatt geben in Originalgröße einen Ausschnitt aus der goldenen Ledertapete im Waldstein-Palais zu Prag wieder.